INTRODUÇÃO À FILOSOFIA POLÍTICA

DEMOCRACIA E LIBERALISMO

INTRODUÇÃO À FILOSOFIA POLÍTICA

DEMOCRACIA E LIBERALISMO

CATARINA ROCHAMONTE

70

INTRODUÇÃO À FILOSOFIA POLÍTICA
DEMOCRACIA E LIBERALISMO

Autora: Catarina Rochamonte

Diretor da Almedina Brasil: Rodrigo Mentz
Editor de Ciências Sociais e Humanas e Literatura: Marco Pace
Assistentes Editoriais: Isabela Leite e Larissa Nogueira
Estagiária de Produção: Laura Roberti
Revisão: Sol Coelho

Diagramação: Almedina
Design de Capa: Roberta Bassanetto

ISBN: 9788562938795
Julho, 2022

Dados Internacionais de Catalogação na Publicação (CIP)
(Câmara Brasileira do Livro, SP, Brasil)

Rochamonte, Catarina
Introdução à filosofia política : democracia e liberalismo
Catarina Rochamonte. – São Paulo
Edições 70, 2022.

Bibliografia.
ISBN 978-85-62938-79-5

1. Democracia 2. Filosofia política 3. LiberalismoI. Título.

22-109857 CDD-320.01

Índices para catálogo sistemático:

1. Filosofia política 320.01

Cibele Maria Dias – Bibliotecária – CRB-8/9427

Este livro segue as regras do novo Acordo Ortográfico da Língua Portuguesa (1990).

Editora: Almedina Brasil
Rua José Maria Lisboa, 860, Conj. 131 e 132, Jardim Paulista | 01423-001 São Paulo | Brasil
www.almedina.com.br

PREFÁCIO

por Lucas Berlanza

A erupção de ideias políticas alternativas ao consenso social-democrata prevalecente na Nova República brasileira, com ênfase para as diversas vertentes do liberalismo e do conservadorismo, configura um fato histórico de incontestável impacto e, sob diversos aspectos, alvissareiro. O oceano de patrimonialismo e fisiologismo que marcou nossa política por muito tempo, entremeado apenas por uma narrativa ideológica marcada por tons diversos de uma coloração praticamente única, merecia ser "sacudido" por um "redespertar" de tradições que até têm um passado no Brasil, mas estavam relegadas ao ostracismo.

A autora deste livro foi, à sua maneira, uma das personagens desse processo. Acrescentou a ele um esforço sincero e apaixonado por fazer a diferença, munida de seu arsenal peculiar de lucidez e entusiasmo. Entre todos os papéis que exerceu e tem exercido, este livro é mais uma síntese de um dos mais importantes: o papel doutrinário.

Quando, na França, estadistas do século XIX como François Guizot (1787-1874) ou Royer-Collard (1763-1845), pretenderam trazer ordem ao caos resultante do entrechoque entre o ímpeto revolucionário e as estruturas do Antigo Regime, reflexões teóricas foram necessárias para construir o discurso que possibilitaria a implementação dessa agenda. Em virtude disso, eles ficaram conhecidos como "liberais doutrinários", sem que isso signifique, por óbvio, o afastamento de quaisquer preocupações com os imperativos da concretude do real e das circunstâncias, mas, em termos mais precisos, a mediação sabiamente temperada entre estes últimos e os princípios a serem sustentados.

O Brasil precisa de pensadores que, como os "doutrinários", sejam capazes de bem dispor as ideias e apresentá-las para a formação mais sã e plural tanto dos argumentos quanto do imaginário. Essa necessidade se faz ainda mais premente quando a erupção a que acabamos de nos referir é desavergonhadamente desviada para a sustentação de projetos políticos toscamente tribais e demagogias empobrecedoras.

Catarina Rochamonte, com esta introdução à filosofia política, didaticamente muito bem construída, acrescenta mais um tijolo ao edifício de suas contribuições ao saudável labor doutrinário. Em ordem cronológica, ela começa por, remontando aos alicerces estabelecidos pelos grandes filósofos gregos, justificar, a partir deles, o propósito em si mesmo desse labor.

Conforme ela bem expõe, a exigência "de que a filosofia política se abstenha de pensar o Estado como ele deve ser para se limitar a compreendê-lo na sua racionalidade presente ou a exigência positivista de que ela se abstenha de juízos de valor para lograr êxito em uma análise pura dos fatos simplesmente não faz sentido no horizonte de uma concepção clássica da política. Ora, se a ação política visa à conservação ou à mudança de algo, tal ação requer um juízo de valor acerca daquilo que se quer conservar ou mudar, não podendo prescindir da reflexão acerca do que é melhor ou pior, o que não deixa de ser uma reflexão acerca do bem, da vida boa e da boa sociedade".

Animada por esse ideal, Catarina percorre novamente, sob a ótica da construção do discurso filosófico, alguns dos temas que vêm sendo, já há tempo considerável, objeto de suas preocupações particulares. O subtítulo destaca os principais entre eles: o liberalismo e a democracia.

Até certo ponto independentes e de diversas maneiras relacionando-se de forma tensionada, ambos se cruzam na modernidade a partir do complexo híbrido da democracia liberal. Extrair dos grandes clássicos da tradição do Ocidente as fontes donde pode provir uma reflexão produtiva acerca desse conturbado casamento é uma das tarefas a que a autora se dedica aqui, tarefa que está longe de ser secundária, representando ponto fulcral dos problemas que presentemente nos afetam.

Permeando a referida dicotomia, também estão outras, como aquela entre progressismo e conservadorismo, ordem espontânea e planejamento centralizado, o individualismo lockeano e o democratismo assembleísta de matriz rousseauniana. Todos esses temas e muitos outros, de cristalina atualidade, são elaborados por Catarina, ante aqueles que se dispuserem a consultar atentamente estas páginas, com judicioso recurso ao patrimônio de grandes pensadores que registraram suas marcas sobre os maiores passos da humanidade.

Que estas breves linhas tenham tido o condão de sinalizar para o leitor os benefícios enriquecedores que colherá se decidir virar a página e prosseguir.

SUMÁRIO

A POLÍTICA COMO INVENÇÃO GREGA

Política e filosofia

Ao estudar Filosofia Política a partir de Leo Strauss, uma das coisas que chama atenção é a ênfase dada à questão da virtude. Segundo Strauss, há um acordo fundamental na filosofia política clássica — rompido na modernidade — de que a meta da vida política é a virtude. Na argumentação final do ensaio *Sobre Filosofia Política Clássica*, Strauss explica que, sendo o propósito da filosofia política clássica "solucionar controvérsias políticas de caráter típico e fundamental no espírito não do partidário, mas do bom cidadão, e com vistas à ordem que estaria mais em acordo com as exigências da excelência humana"[1], o cumprimento desse propósito exigia o levantamento da questão filosófica *"o que é a virtude?"*, por meio da qual não apenas a opinião comum ou a opinião política eram transcendidas, mas a própria dimensão política, evidenciando-se assim "que a meta última da vida política não pode ser realizada pela vida política, mas apenas por uma vida devotada à contemplação, à filosofia".[2] A importância fundamental dessa descoberta também é imediatamente destacada

---

[1] STRAUSS, Leo. *Introdução à Filosofia Política: Dez Ensaios.* São Paulo: É realizações, 2016, p. 87.

[2] *Idem*, p. 88.

por Strauss: ela "determina os limites da vida política, de toda ação e planejamento político".[3]

Isso implica não apenas que a filosofia política "se transforma numa disciplina que não mais diz respeito às coisas políticas no sentido ordinário do termo"[4], mas também que a própria filosofia carrega consigo a responsabilidade de se justificar "perante o tribunal da comunidade política"[5] a fim de "provar aos cidadãos que a filosofia é permissível, desejável ou mesmo necessária"[6] e que aos filósofos — embora bem lhes aprouvesse permanecer na ilha dos bem-aventurados contemplando a verdade — cabe descer "de novo à caverna da vida política".[7]

A República de Platão é, então, interpretada por Strauss como "uma tentativa de oferecer uma justificação política da filosofia, mostrando que o bem-estar da comunidade política depende de maneira decisiva da Filosofia"[8], o que, obviamente, está a léguas de distância da análise apressada de Karl Popper em *A Sociedade Aberta e seus Inimigos*, que a considera o esboço de um projeto utópico e totalitário.

Para Strauss, toda filosofia política, por valorosa que seja, possui um caráter derivado em relação à filosofia política clássica, já que esta fora concebida sem filtro no contato direto com a realidade da *pólis*, no fértil momento em que todas as tradições políticas e correntes filosóficas estavam abaladas. Disso se segue não apenas o frescor e a originalidade da reflexão política grega, mas também a sua característica de ser prática, ou seja, não uma mera descrição ou compreensão da vida política, mas essencialmente um esforço para a sua correta orientação.

A exigência hegeliana, por exemplo, de que a filosofia política se abstenha de pensar o Estado como ele *deve ser* para se limitar a

---

[3] *Ibidem*.

[4] *Ibidem*.

[5] *Ibidem*, p. 90.

[6] *Idem*, p. 89.

[7] *Ibidem*.

[8] *Ibidem*.

compreendê-lo na sua racionalidade presente ou a exigência positivista de que ela se abstenha de juízos de valor para lograr êxito em uma análise pura dos fatos, simplesmente não faz sentido no horizonte de uma concepção clássica da política. Ora, se a ação política visa à conservação ou à mudança de algo, tal ação requer um juízo de valor acerca daquilo que se quer conservar ou mudar, não podendo prescindir da reflexão acerca do que é melhor ou pior, o que não deixa de ser uma reflexão acerca do bem, da vida boa e da boa sociedade.[9]

A filosofia política clássica guia-se, portanto, pela questão acerca do melhor regime: não apenas o melhor dentre os regimes políticos já existentes, mas o melhor regime por excelência. É apressada, portanto, a acusação de que um livro como *A República* de Platão, por exemplo, seja uma simples utopia: não se trata de um modelo para uma reforma prática do Estado, mas de uma tentativa de "erguer a política sobre o fundamento da ética".[10] A meta não é fundar um Estado perfeito, mas "fundar o estado da própria alma"[11] e refletir sobre que tipo de regime possibilitaria "o círculo de vida ideal onde a personalidade humana se pode desenvolver livremente, de acordo com a lei moral que lhe é inata"[12], sabendo-se de antemão ser incontornável o conflito entre qualquer Estado e o "ethos do homem que na sua alma alberga o Estado perfeito e se esforça para viver de acordo com ele".[13]

Somente no melhor regime, exista ele ou não, o bom cidadão e o homem bom coincidem porque só no melhor regime a meta de ambos é a mesma e essa meta é a virtude. Porque a meta da vida humana é a virtude e não a liberdade, os clássicos rejeitaram a democracia. A democracia possui o mérito de que nela todos os tipos humanos podem se desenvolver, inclusive o tipo virtuoso, mas ali o homem

---

[9] *Idem*, p. 27.

[10] JAEGER, W. *Paidéia: A Formação do Homem Grego*. Martins Fontes: São Paulo, 2003, p. 989.

[11] *Idem*.

[12] *Ibidem*.

[13] *Ibidem*.

virtuoso desenvolve-se por acaso, não se tratando em absoluto de um regime que favoreça o florescimento de tais tipos.

Para os gregos, nada era mais natural do que a exigência de um governo dos melhores, dos *aristoi* (aqueles dotados de *areté,* virtude, excelência): "generais corajosos e excelentes, juízes equitativos e incorruptíveis, magistrados sábios e altruístas são em geral preferidos aos seus opostos. De modo que a 'aristocracia' (o governo dos melhores) se apresentava como a resposta natural de todos os homens bons à questão natural da ordem política melhor".[14]

Vê-se que havia uma intrínseca relação entre ética e política na Antiguidade, não fazendo sentido algum, em tal contexto, exigências de uma ciência política moralmente neutra. Tal exigência é reflexo não apenas do repúdio positivista à filosofia tradicional, mas também resquício do processo de maquiavelização ao qual o pensamento político ocidental foi submetido, entendendo-se por tal expressão as consequências do esquema teórico de Maquiavel segundo o qual "não podemos definir o bem da sociedade, o bem comum em termos de virtude; é a virtude que tem que ser definida em termos do bem comum".[15]

Sendo o bem comum, para Maquiavel, a sobrevivência, a estabilidade, a força e a glória de um governo, virtude passa a ser "a soma dos hábitos que são requeridos para esse fim [...]. É esse fim, e apenas ele, que torna as nossas ações virtuosas. Tudo que é feito [...] em nome desse fim é bom. Esse fim justifica todos os meios. A virtude nada mais é do que a virtude cívica, o patriotismo ou a devoção ao egoísmo coletivo".[16] Maquiavel é, portanto, o pai da filosofia política moderna e a inaugura justamente com aquilo que será o seu princípio fundamental comum: a rejeição do esquema clássico, segundo o qual a meta da vida política é a virtude.[17]

---

[14] STRAUSS, Leo. *Introdução à Filosofia Política: Dez Ensaios*, p. 86.

[15] *Idem*, p. 60.

[16] *Ibidem*.

[17] STRAUSS, Leo. *Introdução à Filosofia Política: Dez Ensaios*, p. 58.

Se os gregos pautavam a própria conduta e a ação política pela ideia, pela forma, pela excelência, pelo ideal, o esquema político moderno será a recusa progressiva de uma fundamentação transcendente dos valores e o encolhimento do homem ao social e aos seus aspectos menos nobilitantes e mais primitivos.

Rejeitando a ideia de um *télos* (fim, finalidade) que destina o homem à virtude e à perfeição, o furor antiteológico e antiteleológico da modernidade teria como consequência doutrinas políticas que rebaixam os padrões e as exigências morais a fim de que a atualização da ordem social desejável se torne exequível, abrindo espaço para ilusões de uma ordem social justa que se realizaria a despeito e até à custa da realização do ideal de justiça do próprio indivíduo.

A análise de Strauss do pensamento político moderno como uma tentativa de livramento de tudo aquilo que ultrapassa essencialmente a realidade humana possível é muito semelhante ao diagnóstico de Eric Voegelin que lê os movimentos políticos modernos como deformações ideológicas resultantes da alienação do homem em relação à transcendência e cujo sintoma é a crença de que a felicidade pode ser alcançada pela mera submissão ao desejo humano, entronizado como a mais alta autoridade. Ambos entendem que a restauração da filosofia política passa pelo retorno aos gregos; não porque os gregos ofereceriam a receita política perfeita para combater a desordem atual, mas porque os gregos sabiam que a solução não estava na política, mas no ordenamento da alma de cada indivíduo.

A tensão entre política e filosofia é o reflexo da tensão entre o *ethos* da *pólis* e o *ethos* do indivíduo. A vida e a obra de Platão foi a grandiosa expressão desse conflito. Tendo testemunhado a Guerra do Peloponeso, o regime dos trinta tiranos, a sua destituição pelo partido democrático, as inúmeras guerras das pólis helênicas e suas ligas, a ascensão da Macedônia sob Filipe II e, principalmente, a condenação de Sócrates à morte, Platão — cuja nobre linhagem incluía Sólon — refreara o desejo de participar diretamente da política pois "entendera (o que os reformistas e revolucionários modernos parecem incapazes de entender) que uma reforma não pode ser alcançada por um líder bem-intencionado que recrute seus seguidores entre as próprias pessoas cuja confusão moral é fonte da desordem".[18]

A partir dessa constatação, conforme nos explica Eric Voegelin, no volume III da obra *Ordem e História,* Platão parte para o esforço quase miraculoso de "consertar o péssimo estado em que todas as pólis da época se encontravam"[19] e assim "renovar a ordem da civilização helênica a partir dos recursos de seu próprio amor pela sabedoria, fortificado pela vida e pela morte paradigmáticas do mais justo dos homens, Sócrates".[20]

No sentido prático e imediato, seu esforço de resistir à desordem circundante e restaurar a ordem por meio do amor à sabedoria foi um fracasso, tendo sido um sucesso, porém, no sentido de ter criado, em seus diálogos, "os símbolos da nova ordem de sabedoria, não apenas para a Hélade, mas para toda a humanidade".[21]

Paidéia, Pólis e Areté

Paidéia é uma palavra grega cuja riqueza semântica inviabiliza qualquer tradução. Poderíamos traduzi-la por civilização, tradição, literatura, educação, cultura, formação ou todas essas coisas juntas. Esse processo de formação não é possível sem oferecer ao espírito uma imagem do homem tal como ele deve ser. Os gregos não eram nem individualistas nem coletivistas, mas humanistas, no sentido de apregoarem uma ideia de educação de acordo com a natureza/ /forma humana ideal. A vida social, artística, intelectual, política era insuflada por essa aspiração. Esse ideal, porém, não era estático, rígido ou definitivo, tendo sido modificado historicamente a cada aprimoramento moral e intelectual dos gregos.

---

[18] VOEGELIN, Eric. *Ordem e História.* v. III. São Paulo: Edições Loyola, 2009, p. 65.

[19] *Idem*, p. 65.

[20] *Ibidem.*

[21] VOEGELIN, Eric. *Ordem e História.* v. III, p. 66.

O filólogo alemão e erudito helenista, Werner Jaeger, autor do livro *Paidéia: A Formação do Homem Grego,* era também um ardoroso humanista e essa sua obra em questão pode ser lida como a exposição do processo histórico e espiritual por meio do qual os gregos elaboraram o seu ideal de humanidade. Jaeger defende uma unidade de sentido entre os povos ocidentais, de modo tal que estaríamos ligados à antiguidade como àqueles que "há vários milênios traçaram o nosso destino"[22] e que são "origem ou fonte espiritual a que sempre, seja qual for o grau de desenvolvimento, se tem de regressar para encontrar orientação".[23]

A palavra *paidéia* só aparece no século V, mas a história da formação grega ou o processo ao qual o referido conceito faz referência começa no mundo aristocrático da Grécia primitiva, por meio da definição do homem superior ou ideal ao qual aspiram as almas de escol. É, pois, por meio do conceito de *arete* (excelência, virtude) que se pode acompanhar esse processo.

No período aristocrático, a destreza, a força, o heroísmo, a coragem, a grandeza no estilo de vida, a altivez estavam relacionados à virtude, assim como a honra e a glória enquanto contrapartidas na forma de reconhecimento social. *Arete* era atributo próprio da nobreza, sendo da mesma raiz semântica e estando diretamente relacionada a senhorio, a posição dominante. Isso se explica porque as sociedades primitivas se formavam pela imposição da força, de modo que aquele que se impunha era o nobre, o senhor. Sendo ele o nobre, o senhor e o forte, aquilo que é positivo para ele e que ele impõe é o que é bom.

O desenvolvimento intelectual e moral dos gregos expressa-se, pois, de certa forma, no desenvolvimento do conceito de *arete.* Embora Homero ainda sustente o ideal da destreza guerreira como a mais alta medida de valor da personalidade humana, na *Odisseia* já se percebe uma elevada estima pelas virtudes espirituais, que serão

---

[22] JAEGER, W. *Paidéia: A Formação do Homem Grego.* São Paulo: Martins Fontes, 2003, p. 6.

[23] *Idem*, p. 5.

posteriormente destacadas e entronizadas por Sócrates, Platão e Aristóteles. Nos poemas de Hesíodo, por sua vez, destaca-se, em contraposição à *arete* guerreira da antiga nobreza, a *arete* do homem simples e trabalhador, que se expressa na posse moderada de bens obtidos com suor e disciplina. A vida sacrificada, monótona e áspera do trabalhador é louvada por Hesíodo como sendo dotadas de elevada finalidade.

Além dessa nova valoração do trabalho como tesouro espiritual, Hesíodo expressa a exigência de justiça como algo fundamentado na ordem moral do mundo. No poema *Erga,* expressa-se uma fé apaixonada e religiosa no direito: por mais que haja injustiças no mundo, a justiça seria protegida pelos deuses. Jaeger chega até a fazer uma comparação de Hesíodo com os profetas judeus, tanto pelo apelo a uma justiça transcendente quanto pelo caráter de admoestação, ou seja, pelo caráter de crítica em relação à conduta daqueles que andavam pelos caminhos tortuosos das injustiças.

A ideia de direito aparece no seu poema como uma força reformadora que inaugura uma nova época. O homem não deve, assevera Hesíodo, atender à força e à violência como se dá entre os animais, pois entre eles existe o direito:

> Toma isso em consideração: atende à justiça e não à violência. É o uso que Zeus impõe aos homens. Os peixes, os animais selvagens e os pássaros alados podem devorar-se uns aos outros, porque entre eles não existe o direito. Mas aos homens Zeus concedeu a justiça, o mais alto dos bens.[24]

A exaltação da justiça como fundamento da sociedade humana vai se tornando cada vez mais comum e os progressos intelectuais e morais vão transformando paulatinamente a vida pública. Esse impulso em direção à noção de justiça, que começa a se delinear no

---

[24] HESÍODO. *Erga. Apud.* JAEGER, W. *Paidéia: A Formação do Homem Grego*, p. 97.

horizonte grego, toma corpo na formação da *polis* e posteriormente na constituição da democracia ateniense. A formação do Estado jurídico, que culmina em Atenas, pressupõe, porém, toda essa evolução de que tratamos. Werner Jaeger chama atenção, inclusive, para a importância do papel dos jônios nesse desenvolvimento do espírito grego, no sentido de "libertar as forças individuais". Segundo o autor, as características dominantes do novo tipo humano que ali floresceu eram "vivacidade, liberdade, largueza de visão e iniciativa pessoal".[25] Para os Jônios, explica Jaeger, "o Estado nunca é o fim último como em Esparta ou Atenas".[26]

De toda sorte, a *polis* é o marco social através do qual se organiza historicamente o período mais importante da evolução grega; é nela que a cultura grega atinge pela primeira vez a forma clássica. Foi com a *polis* (palavra da qual deriva o termo posterior *política*) que apareceu, pela primeira vez, algo próximo àquilo que hoje denominamos Estado.

É preciso atentar, porém, para o fato de que a qualificação que Sócrates ou Aristóteles atribui à vida social e moral do homem grego como uma vida *política* envolve uma noção de política e de Estado muito diferente da nossa. Enquanto o conceito moderno de Estado (*status no baixo latim*) guarda um sentido mais abstrato, a palavra grega *polis* possui um sentido concreto que exprime o conjunto da existência humana coletiva e a estrutura da existência individual dentro dela.[27]

No livro *As Origens do Pensamento Grego,* Jean-Pierre Vernant mostra de que modo o fim da realeza micênica e das outras civilizações palacianas, a partir da invasão dórica, promoveu na Grécia uma mutação decisiva que lançou os fundamentos do regime da *polis*, assegurando certo grau de laicização do pensamento político, possibilitando ao homem grego gozar da situação privilegiada de, pela primeira vez na história, construir instituições políticas livres. É com

---

[25] JAEGER, W. *Paidéia: A Formação do Homem Grego*, p. 133.

[26] *Idem.*

[27] *Idem*, p. 560.

o advento da *polis* — entre os séculos VIII e VII a.c., — que a Grécia toma consciência da sua originalidade e superioridade em relação ao resto do mundo, considerado bárbaro. A *polis* é a unidade autônoma que, elevando-se acima da multiplicidade das tribos, das fratrias e dos gene, estabelece a nova forma de existência política da civilização grega.

A *polis* implica, dentre outras coisas, "uma extraordinária preeminência da palavra sobre todos os outros instrumentos de poder".[28] Saindo da função ritual para o debate, para a argumentação e para a tentativa de persuasão, a palavra se torna peça fundamental de toda autoridade. Em estreita imbricação com o *logos,* a arte política passa inevitavelmente pelo bom exercício da linguagem[29], exercício esse que se dará de maneira aberta, na *ágora,* de modo tal que o debate acerca das questões mais importantes da vida social não fica restrito a um grupo exclusivo de detentores do poder, mas alcança o *demos* todo. Como consequência de tudo isso, têm-se que "a lei da polis já se não impõe pela força de um prestígio pessoal ou religioso"[30], devendo mostrar sua retidão por meio do *logos.* O próximo passo nesse processo é a reivindicação de leis escritas.

Tendo sido herdada dos fenícios e modificada por uma transcrição mais precisa dos sons gregos, a escrita tornou-se, desde o século VIII a.c., uma técnica de amplo uso, formando, ao lado da recitação de poemas de Homero e Hesíodo, outro elemento basilar da *paidéia* grega. Com o nascimento da *polis,* surge também a reivindicação da redação das leis, como uma forma de materializar a justiça (*dike*), que se vai transformando na *arete* por excelência.

O termo *dike* vem da linguagem processual. Poderia ser traduzido, no seu uso original, por *compensação* ou *processos legais.* No tempo descrito por Homero, o direito era designado pelo termo *themis* (que

---

[28] VERNANT, Jean Pierre. *As Origens do Pensamento Grego.* Rio de Janeiro: Bertrand Brasil, 2003.

[29] *Idem.*

[30] *Ibidem.*

etimologicamente significa lei). Era por meio dessa lei, cujas normas eram criadas segundo a tradição do direito consuetudinário, que os cavaleiros dos tempos patriarcais julgavam. A exigência de leis escritas é a tentativa de livrar-se do arbítrio e possível arbitrariedade dos nobres, que administravam a justiça conforme a tradição; é a exigência de direito igual para todos, grandes e pequenos, nobres ou simples cidadãos livres.

Dizia-se das partes contenciosas que dão e recebem *dike:* o lesado, cujo direito é reconduzido pelo julgamento, recebe *dike,* enquanto o juiz reparte *dike.* O significado original do termo seria, pois, algo no sentido de dar a cada um o que lhe é devido: "Enquanto Themis refere-se principalmente à autoridade do direito, à sua legalidade e à sua vitalidade, dike significa o cumprimento da justiça".[31]

Com o declínio de uma consciência de classe aristocrática a *dike* começou a ser considerada como algo universal na sociedade, aplicável a todos os cidadãos de igual modo, e garantida pelo próprio Zeus. Os limites dentro dos quais a nova *dike* era operante eram agora definidos pela lei escrita (*nomos*), e um termo abstrato, *dikaiosyne* (retidão/justiça), passou a ser usado para descrever a qualidade moral de um homem que observava os limites da lei e por isso era justo (*dikaios*).[32]

O termo *dike* concentra, portanto, o anseio de igualdade, de isonomia e eunomia que se constituirá em plataforma da vida pública e ponto central por ocasião da instauração da democracia em Atenas. O processo evolutivo que definiu a essência do Estado constitucional foi o processo por meio do qual o apelo à *dike* tornou-se cada vez mais frequente e apaixonado. O que Jaeger demonstra no capítulo da *Paidéia* intitulado "O Estado Jurídico e o seu Ideal de Cidadão" é que da consciência jurídica surge um novo ideal que faz com que a justiça se converta na "nova força formadora do homem, análoga ao ideal

---

[31] JAEGER, Werner. *Paidéia: A Formação do Homem Grego.* p. 135.

[32] PETERS, F.E. *Termos Filosóficos Gregos — Um Léxico Histórico.* Lisboa: Fundação Calouste Gulbenke, p. 55.

guerreiro nos primeiros estágios da cultura aristocrática".[33] Segundo Jaeger, "a exigência de um direito igualitário constitui a mais alta meta para os tempos antigos".[34]

Mesmo assim, explica Jaeger, os graus anteriores da *arete* não são suprimidos, mas incorporados e subordinados à justiça. Toda a *arete* está nela contida e os princípios ideais estariam garantidos na *polis* porque a alma da *polis* é a lei, corporificação do ideal de justiça: "A polis é o primeiro estágio, depois da educação nobre, na caminhada do ideal humanista para uma educação ético-política geral e humana".[35]

Nessa caminhada do ideal humanista, os poemas políticos de Sólon representam, para o novo ideal da época, a mesma grandeza educadora dos poemas de Homero, Hesíodo e Tirteu. Seus versos eram evocados pelos oradores nos tribunais de justiça e nas assembleias públicas e expressavam "a perfeita interpenetração de toda a produção espiritual grega com a ideia de Estado, numa viva dependência e vinculação de toda a criação espiritual do indivíduo à comunidade"[36], sendo "o traço de união entre a força educadora implícita na nova ordem jurídica que regia a vida política e a liberdade sem rédeas dos poetas jônicos no pensamento e na palavra".[37]

Sólon antecedeu a instauração da democracia e, na verdade, apesar de ter sido mais tarde por ela enaltecido, seu intuito foi apenas o de sanear moralmente os fundamentos do antigo Estado aristocrático, conduzindo seus atos políticos por uma consciência ética que pairava muito acima da mera vontade de poder ou do interesse partidário. Exaltando e exemplificando "um novo tipo de vida humana, cuja realização perfeita é independente dos privilégios de sangue e da posse de riquezas", Sólon unifica vontade prática e política com sentimento

---

[33] JAEGER, Werner. *Paidéia: A Formação do Homem Grego*, p. 138.

[34] *Idem*, p. 136.

[35] *Idem*, p. 147.

[36] *Idem*, p. 174.

[37] *Ibidem*.

religioso; impulso criador individual com energia unificadora da comunidade estatal. Com seu grave e apaixonado sentido de responsabilidade comunitária, aliado a um ideal de legalidade, eunomia e ordem correta intrínseca à vida social, Sólon une comunidade e indivíduo, superando o individualismo ao mesmo tempo em que reconhece um fundamento ético aos direitos da individualidade. Os poemas de Sólon exprimem, em suma, o *pathos* da *polis* que, segundo Eric Voegelin, "era o pathos de uma participação dinâmica do povo numa cultura que se originou da sociedade aristocrática"[38].

Paideia socrática e educação política

A Paidéia grega, como vimos, nos fala de um ideal de cultura como princípio formativo e do ideal de formação de um tipo elevado de homem. A história da Paidéia é a história das transformações dos valores na Grécia, o que equivale ao processo histórico e espiritual por meio do qual os gregos elaboraram o seu ideal de humanidade. Os gregos aspiravam à forma, ao modelo, à ideia. Educadores, artistas, poetas, legisladores e filósofos aspiravam à forma humana ideal. Normas que regiam a vida social e individual eram derivadas da percepção das leis profundas que governam a natureza e o processo de formação da juventude se dava por meio da apresentação ao espírito da imagem do homem tal como ele deveria ser. Ideal dinâmico e não estático, acolheu progressivamente as transformações enriquecedoras do seu desenvolvimento histórico.

Foi assim que de um conceito de *arete* (excelência, virtude) baseado no heroísmo, na destreza, na força, de um ideal agonístico em que se busca ser sempre o melhor e distinguir-se dos demais, passou-se a um ideal mais refinado do ponto de vista espiritual, quando a justiça passa a ser considerada a *arete* por excelência. Desde a constituição da Polis

---

[38] VOEGELIN, Eric. Ordem e História. v. III. São Paulo: Edições Loyola, 2009.

já pairava entre os cidadãos um sentimento nobre de elevada estima pelo direito e de amor pela justiça. Se na Grécia cantada por Homero a juventude se modelava pelo exemplo do herói Aquiles, nos tempos áureos da democracia ateniense buscava-se formar antes a juventude no ideal político.

Ocorre que, no meio desse processo da formação cultural grega, apareceu um indivíduo cujo discurso e exemplo provocaram uma verdadeira revolução na concepção de saber, que será determinante na história da filosofia e na cultura ocidental de modo geral. Sócrates — na opinião de Werner Jaeger, "o mais espantoso fenômeno pedagógico da história do Ocidente" — afirmará sua fé no valor infinito da alma de cada homem, fazendo com que a Grécia se defronte com uma nova força de autoafirmação, com a inversão de valores que converte a força heroica em força interior, indo do heroísmo externo à conquista de si.

Se o mais específico do homem é sua alma imortal, então é no cuidado dessa alma que a Paidéia socrática encontrará seu fundamento. E essa Paidéia é a exigência de uma vida superior, uma vida cuja condição é posta em questão sob a perspectiva de sua adequação ou não aos bens supremos da vida. Não se trata mais aqui de oferecer uma cultura superior para a formação do estadista, como objetivavam os sofistas, mas de oferecer ao indivíduo um remédio contra a ignorância de si mesmo e da verdadeira finalidade da vida, que é melhorar a alma, tornando-a mais bela e apta para o conhecimento do Bem.

A filosofia socrática inicia-se com uma reflexão acerca do Bem, do que é em si, do que tem valor absoluto a despeito de circunstâncias, de humores, de políticas etc. O homem Sócrates, o indivíduo Sócrates, arregimentou atrás de si uma multidão de adeptos, de admiradores, de discípulos. Sua fala, seus diálogos, seu exemplo, principalmente, sedimentaram uma linha de pensamento que deu origem a um modelo de vida e esse modelo de vida é justamente aquele que concebemos como "filosófico".

O filósofo não nasce, portanto, da especulação metafísica, mas da escolha pela vida melhor e pela reflexão acerca das formas de conduzi-la. O filósofo, como aquele que busca se conduzir bem e que reflete sobre a sua conduta, é diferente do filósofo que especula sobre a estrutura cósmica que obriga a conduta a ser boa; ou seja, se, de um lado, a metafísica grega na forma aventada pelos pré-socráticos já conduzia a reflexão a uma estrutura capaz de pensar, no âmbito cosmológico, as noções de Bem e de justiça, de equilíbrio e harmonia, em Sócrates essa reflexão desce dos céus para a terra, do *cosmos* para a *pólis*, do templo para a *ágora*. Assim, pode-se dizer que refletir eticamente a estrutura ética do universo é justamente o empreendimento socrático.

Suas concepções cosmológicas não estão em desacordo com as concepções que se depreendem nos seus diálogos, mas tais concepções cosmológicas não podem servir para sustentar um discurso filosófico centrado pela primeira vez no homem, na absolutez do caráter e da conduta moral. Essa filosofia precisaria, portanto, partir do *logos* dialógico, do diálogo, da interação com o outro, com o indivíduo que almeja saber, com o indivíduo que julga saber ou com o indivíduo que quer comandar. Assim, Sócrates inaugura o percurso filosófico interacional, dialógico, social. O percurso do *logos* habitando o íntimo e o outro, o *logos* universal e particular, se entrecruzando na própria fundamentação ética que atravessa os diálogos. Nele, entrecruzam-se as esferas cosmológica, epistemológica e ética que comporão mais tarde as diretrizes básicas da Filosofia como disciplina. O que se perde, porém, nesse processo de lapidação progressiva do conhecimento filosófico é a relação do saber com o indivíduo; perde-se o indivíduo como produtor dessa cadeia de associações teóricas e perde-se o indivíduo como entidade transformadora de si mesmo e do mundo, que cede o seu lugar a indivíduos subjugados por uma tradição que pesa sobre si.

A existência de Sócrates provoca um novo aprofundamento no conceito de *arete*. Sua retórica, sua ironia, sua dialética, estão a serviço da refutação de todo saber aparente, de toda *arete* apenas imaginária. Sua exigência de um modo de vida superior, sua exortação, seu convite à reflexão pautam-se na inversão de valores por meio da qual os bens da alma passam a resplandecer no alto de uma nova hierarquia, subordinando a si os bens do corpo e os bens materiais como riqueza e poder. A *arete* agora diz respeito ao mundo interior, a partir do qual intenção moral se impõe de modo absoluto.

Essa *arete* pode ser vivida, mas não definida. Daí que os diálogos socráticos guardem um tom aporético, inconcluso. Sócrates mostra os limites da linguagem, ainda que seja um apaixonado pelo discurso. Ao seu interlocutor, ele não quer impôr nenhuma ideia, nenhuma teoria, mas quer dar ao indivíduo a oportunidade do acesso a si. A perturbação causada pelas suas refutações — que põem abaixo toda a aparente sabedoria que ocultava o si mesmo — faz com que do questionamento do discurso se passe para um questionamento do indivíduo e dos fundamentos de sua ação:

> O interlocutor se dá conta então de que não sabe verdadeiramente por que age. Todo o seu sistema de valores lhe parece bruscamente sem fundamento. Até então ele se identificava de algum modo com o sistema de valores que comandava sua maneira de falar. Agora se opõe a ele. O interlocutor está então cortado em dois: há o interlocutor tal qual era antes da discussão com Sócrates e há o interlocutor que, no constante acordo mútuo, se identificou com Sócrates e, doravante, não é mais o que ele era antes. [...] Ao final da discussão, então, o interlocutor não aprendeu nada. Ele não sabe mais nada. Durante todo o tempo da discussão, porém, ele experimentou o que é a atividade do espírito, a interrogação, o pôr em questão, o recuo em relação a si mesmo, isto é, a consciência.[39]

Esse questionamento do indivíduo é o "cuidado de si" que depende do "conhece-te a ti mesmo" (*Gnothi seauton*), mensagem inscrita no frontispício do templo de Delfos e que, certa vez, foi-lhe endereçada. Em outra ocasião, a pítia de Delfos teria dito a um dos seus amigos ser

[39] HADOT, Pierre. *Exercícios Espirituais e Filosofia Antiga*. São Paulo: É Realizações, 2014, p. 102-103.

Sócrates o homem mais sábio, enigma que Sócrates decifrou fazendo apelo à consciência de sua própria ignorância: ele não sabia nada, mas era o único que sabia que não sabia. Nessas duas intervenções do oráculo estão dados os elementos que caracterizam Sócrates como alguém cuja trajetória existencial leva a história da filosofia a um ponto de inflexão, ao propor uma nova valoração das coisas e uma nova concepção de saber.

Quando Sócrates pretende saber que nada sabe e toma por missão fazer com que os outros homens também tomem consciência de seu não saber é porque quer apontar para um saber de outra ordem, um saber que não é um conjunto de proposições e fórmulas adquiridos dos outros, não é um saber externo ou ciência das coisas exteriores, mas "trata-se de um saber interior, que começa pelo conhece-te a ti mesmo e conduz o homem a entrar em si mesmo para encontrar a virtude"'[40]; é um saber que deve ser engendrado pelo próprio indivíduo, é um saber que se encontra na alma.

No diálogo socrático, explica Pierre Hadot, "a verdadeira questão que está em jogo não é isso de que se fala, mas aquele que fala"; "o problema não é, portanto, saber isso ou aquilo, mas ser desta ou daquela maneira"; "trata-se bem menos de questionar o saber aparente que se acredita possuir do que de se questionar a si mesmo e os valores que dirigem nossa própria vida"; "filosofar não é mais, como queriam os sofistas, adquirir um saber, ou um saber fazer, uma sophia, mas é pôr-se a si mesmo em questão".[41]

Para cumprir sua missão de trazer os homens à consciência de si pela tomada de consciência de seu não saber, Sócrates lança mão de alguns procedimentos retóricos como a *maiêutica* e a *ironia*. Diante de escravos, mercadores ou simples passantes que confessavam sua ignorância total, Sócrates se servia da maiêutica para lhes mostrar que havia um conhecimento inato em suas próprias almas, acessível

[40] HUISMAN, Denis. *Sócrates*. São Paulo: Edições Loyola, 2006, p. 20.

[41] HADOT, Pierre. *O que é Filosofia Antiga?*. São Paulo: Edições Loyola, 1999.

mediante pequeno esforço. Era a esse seu procedimento que Sócrates se referia ao dizer: "*Minha mãe fazia parto de mulheres, eu faço parto de espíritos!*". Por outro lado, ao se deparar com pretensos sábios como sofistas, retóricos, políticos etc, o procedimento era inverso e, por meio da ironia, fingindo ignorância e acordo prévio, Sócrates desagregava o discurso pretensioso, deixando sem chão o seu interlocutor.

Seja pela maiêutica, seja pela ironia, seja pela refinada dialética ou pela força da sua própria personalidade, o que Sócrates almeja é atingir o indivíduo, fazendo-o colocar-se a si mesmo em questão, levando-o à reflexão acerca da sua maneira de ser, do seu modo de vida, pondo-o diante de uma nova hierarquia de valores na qual o cuidado da alma é o que importa. É o que fica claro nesse trecho da *Apologia de Sócrates:*

> Não tenho nenhum cuidado com aquilo que a maioria das pessoas cuida, negócios de dinheiro, administração de bens, cargos de estratégia, sucessos oratórios em público, magistraturas, coalizões, facções políticas. Engajei-me não nesta via... mas naquela onde, a cada um dos senhores em particular, eu farei o maior bem tentando persuadi-lo de se preocupar menos com o que tem do que com o que é, para tornar-se tão excelente e razoável quanto possível.

A questão que se levanta — e com a qual chegamos ao que concerne mais diretamente à filosofia política — é se esse convite para tomar cuidado consigo não equivale a um apelo para se afastar da *polis.*

Como bem ilustra Denis Huisman, na época de Sócrates, Atenas saía de um longo período de crises: "a época era de retomada do controle, de reconstrução, de esforço coletivo [...]. Sócrates encarnava para esses homens exatamente o contrário do trabalho útil e da energia de empreendimento"[42] daí, talvez, a acusação absurda depositada no pórtico do arconte-rei, que culminou na sua condenação: "Sócrates é culpado de não acreditar nos deuses reconhecidos pelo Estado e

[42] HUISMAN, Denis. Sócrates. Edições Loyola, São Paulo, 2006, p. 14.

de introduzir na cidade novas divindades. Ele também é culpado de corromper os jovens. Pena proposta: a morte."

Ora, se por um lado Sócrates é acusado de corromper a juventude por exaltar ao cuidado de si e da própria alma, por outro lado é justo considerar que o pensamento político que se depreende da atividade de Sócrates é o de que uma *polis* mal-governada em tudo contraria os interesses de seus cidadãos. A verdade é que Sócrates participa plenamente da vida da *polis* e que nos apresenta uma política na qual o cuidado da cidade não se opõe ao cuidado de si, mas o pressupõe: "O cuidado de si é, portanto, indissoluvelmente cuidado da cidade e cuidado dos outros, como se vê pelo exemplo do próprio Sócrates, cuja razão de viver é ocupar-se com os outros".[43] O adjetivo político, nesse contexto, é uma extensão da ética, é uma qualificação da vida moral do homem grego no interior da sua existência comunitária. Sendo assim, "os diálogos socráticos de Platão que tratam da piedade, da justiça, da coragem e da moderação constituem investigações sobre a virtude política".[44]

Está claro que a mudança nas normas diretivas da vida apresenta um teor político. Por um lado, o cuidado do destino individual provoca um conflito com a *polis* (esse conflito é a causa do processo e da morte de Sócrates); por outro lado, tal inversão induz a *polis* e seus pretensos governantes à reflexão fundamental acerca da virtude. A inversão socrática traz para dentro da política a necessidade da virtude, sabendo que tal virtude depende da ordenação da alma dos próprios indivíduos que pretendem governar. Em outras palavras, o governo da *polis* pressupõe o governo de si. A política pressupõe a ética. Ambas se pautam na justiça, a verdadeira *arete,* a principal virtude. A soberba humana leva à desordem tanto a vida do indivíduo quanto a vida em sociedade. Apesar de ter sido acusado de *asebeia* (impiedade), na sua defesa Sócrates mostra que o que ele fez foi tentar reformar a polis por ordem do Deus de Delfos:

---

[43] HADOT, Pierre. *O que é Filosofia Antiga?*

[44] JAEGER, Werner. *Paidéia,* p. 560.

> Sócrates realiza a sua tarefa em obediência ao deus. Ele tenta sacudir os atenienses individualmente, e os mais presunçosos entre eles em primeiro lugar, para conduzi-los de volta à ordem verdadeira; [...] Sócrates fala como o representante do poder divino da Hélade; e enfatiza a ironia de que ele, o único ateniense que acredita nos deuses a ponto de seguir suas ordens e arriscar a própria vida, é acusado de impiedade pelos mesmos homens cuja descrença nas coisas divinas é a razão da decadência.[45]

Eis em que termos Sócrates interpelava a juventude e eis em que termos a maioria dessa juventude o compreendia. Dizia Sócrates: "Meu caro, tu, um ateniense da cidade mais importante e mais reputada por sua cultura e poderio, não te pejas de cuidares de adquirir o máximo de riquezas, fama e honrarias, e de não te importares nem cogitares da razão, da verdade e de melhorar quanto mais a tua alma?"[46] É a esse tipo de interpelação que o jovem, belo e ambicioso Alcebíades se refere quando afirma, no *Banquete,* que "Sócrates me obriga a reconhecer para mim mesmo que, ainda que eu seja deficiente sob tantos pontos, persisto em não cuidar de mim e em me ocupar somente dos negócios dos atenienses".

Sócrates foi, portanto, "ao mesmo tempo um sábio, um santo, um herói e um gênio"[47] foi "o apóstolo da liberdade moral, separado de todo dogma e de toda tradição, sem outro governo além daquele da sua própria pessoa e obediente apenas aos ditames da voz interior da sua consciência"[48]. Ao proclamar o domínio do homem sobre si mesmo (*enkratéia*), a autarquia da personalidade, ao embrenhar-se na própria alma a fim de descobrir sua harmonia própria e suas leis, ao buscar no homem interior o cosmos moral, ao dar-se por missão formar os homens, ou melhor, as almas nesse novo *ethos* descoberto, Sócrates torna-se "o criador de uma atitude humana que define o

---

[45] VOEGELIN, Eric. *Ordem e História*, p. 68.

[46] Defesa Sócrates/Platão. *Apud* HADOT. *O que é Filosofia Antiga?*, p. 55.

[47] HUISMAN, Denis. *Sócrates.* São Paulo: Edições Loyola, 2006, p. 10.

[48] JAEGER, Werner. *Paidéia*, p. 493.

apogeu de uma longa e laboriosa trajetória de libertação moral do homem por si próprio".[49]

Ao mostrar que "não é através da expansão e satisfação da sua natureza física que o homem pode alcançar essa harmonia com o ser, mas sim pelo domínio completo sobre si próprio, de acordo com a lei que ele descobriu no exame da sua própria alma", Sócrates traceja a nova ordenação de valores da nossa cultura ética, deslocando a virtude e a felicidade para o interior do homem e fundamentando o eudemonismo genuinamente grego que "deriva desta entrega do homem à alma, como seu domínio mais genuíno e mais específico".[50] "A ética é a expressão da natureza humana bem entendida" e "a formação da alma nesse ethos é precisamente o caminho natural do homem"[51].

Retórica política X Arte de Estado

Vimos que, na Grécia Antiga, havia uma relação intrínseca entre ética e política, o que também equivale a dizer que havia, entre os cidadãos, a noção de que o Estado deveria ser a fonte das normas morais. Diante dessa convicção tem-se que, ou a lei do Estado está em concordância com a ordenação divina da existência ou está em contradição com ela. A contradição ficou evidente — pelo menos aos olhos de Platão — após a condenação de Sócrates à morte. É à luz do trágico conflito entre o Estado vigente e a nova meta da vida apregoada por Sócrates que serão concebidos os principais diálogos de Platão. Tal conflito deriva da inflexão espiritual que a vida e a morte de Sócrates deram à noção de virtude (*arete*); aprofundamento e refinamento espiritual esse que inviabilizou a manutenção da relação tipicamente grega entre política, ética e religião.

---

[49] JAEGER, Werner. *Paidéia* (*Passim*, p. 475-481).

[50] JAEGER, Werner. *Paidéia*, p. 535.

[51] *Idem*.

Platão nutriu, em algum momento, a esperança de restaurar o Estado para que ele continuasse a cumprir sua missão primitiva, mas a maturidade parece tê-lo levado ao sentimento de resignação:

> Platão diz-nos como deveria ser o Estado para poder continuar a cumprir a sua missão primitiva, na época em que Sócrates viera pregar uma nova meta da vida humana. Mas o Estado não era assim e nem era possível transformá-lo. Era demais deste mundo. É por isso que, em Platão, a descoberta do mundo interior e do seu valor próprio leva não a uma renovação do Estado, mas sim ao nascimento de um novo reino ideal, onde o homem tem a sua pátria eterna.[52]

Conforme nos explica Jaeger, essa "transferência do ideal político para o interior do homem"[53] relaciona-se com a "dissolução da autoridade exterior da lei na época dos sofistas".[54] Tanto na antiga forma autoritária do Estado, quanto no novo Estado jurídico fundado na ordem da razão, a autoridade da lei "baseia-se na sua concordância com a ordem divina ou, como diz o novo pensamento filosófico, na sua concordância com a natureza", sendo a natureza "a síntese de tudo o que é divino".[55] No entanto, as ideias dos sofistas sobre a natureza e a lei, a mudança que tais ideias provocaram na imagem do ser e na sua suposta ordem — que passa a ser encarada sob um prisma demasiado humano — essa nova concepção relativista da qual os sofistas derivam a sua concepção de direito e de Estado faz com que o direito perca a sua íntima força moral, ao romper a fundamentação do direito humano no direito divino.[56]

Em meio à crise provocada pelo relativismo dos sofistas, aparece "no idioma grego de Atenas a nova palavra enkratéia, que significa

---

[52] JAEGER, W. *Paidéia: A Formação do Homem Grego*, p. 577.

[53] *Idem*, p. 548.

[54] *Ibidem.*

[55] *Ibidem.*

[56] *Idem* Passim (p. 373-385).

domínio de si próprio, firmeza e moderação".[57] Consistindo não em uma virtude especial, mas na base de todas as virtudes, a *enkratéia* se converte, graças a Sócrates, "numa ideia central da nossa cultura ética". Esse princípio socrático de autodomínio, ao mesmo tempo em que faz com que a conduta moral não se restrinja mais à mera submissão à lei exterior também "tem implícito um novo conceito de liberdade".[58] No período clássico do helenismo, explica Jaeger, "a palavra livre é primordialmente o que se opõe à palavra escravo. Não tem aquele sentido universal, indefinível e metafísico do moderno conceito de liberdade".[59]

Ambos fundamentados na nova concepção de homem, na nova hierarquia que vê na alma a parte humana mais excelente e mais necessitada de zelo e cuidado, os conceitos de *enkratéia* (auto-domínio) e liberdade interior (*autárkeia)* desenvolvem-se simultaneamente à luz dos ensinamentos e do exemplo de Sócrates. O domínio de si passa pelo império da razão sobre os instintos, a autonomia moral consistindo primordialmente na "independência do homem em relação à parte animal da sua natureza".[60] O homem tem um destino moral e espiritual a cumprir; ele é dotado de um *télos* (fim, finalidade, completude) que o encaminha para o bem. Formar o homem conforme o destino da sua natureza (de ser racional, espiritual), educá-lo para o bem e para o belo (objetivo da *kalokagathia* de *kalos kai agathos*: belo e bom) é buscar cumprir a finalidade autêntica da vida humana.

Considerando-se tal perspectiva, a educação não poderia estar restrita às necessidades políticas e práticas, assim como sua fonte e sua medida ideal não poderiam ser reduzidas à vida social e ao Estado. Mas essas eram as características da educação sofística. Em um regime democrático, no qual o bom o uso da palavra tem extrema relevância,

---

[57] JAEGER, W. *Paidéia: A Formação do Homem Grego*, p. 548.

[58] *Idem*, p. 549.

[59] "[...] A palavra 'liberal' derivada daquele conceito, designa a atitude própria do cidadão livre, tanto no modo de gastar o dinheiro ou no modo de se exprimir, como no decoro exterior da sua maneira de viver." *(Idem* p. 549-550).

[60] JAEGER, W. *Paidéia: A Formação do Homem Grego*, p. 546.

sabe-se que o estadista precisa, antes de tudo, ser um bom orador. Sendo assim, a retórica se apresentará como uma orientação prática da cultura para o Estado e os pretensos estadistas buscarão antes a beleza do discurso que da alma. É nesse contexto que se dá o confronto entre o ideal retórico de vida, ensinado pelos sofistas e o tipo de vida filosófico, exemplificado e exortado por Sócrates.

A retórica é a arte da palavra sem fundamento nenhum além do mero discurso e tendo por objetivo a persuasão do ouvinte ou do leitor. No diálogo *Górgias,* Sócrates apresenta os perigos dessa arte que é capaz de "sugerir aos ouvintes uma mera aparência de certeza e de sugestionar a massa ignorante, em vez de convencê-las pela verdade". Ao dialogar com o personagem Polo, Sócrates traz à tona o problema dos fundamentos morais do ensino da retórica, já que esta pressupõe tacitamente a visão de mundo relativista dos sofistas, segundo a qual a moral é uma questão puramente convencional e social. No âmbito de tal relativismo, ergue-se a concepção de Cálicles, outro retórico, que proclama o direito do mais forte como moral suprema.

A teoria do direito do mais forte, defendida por Cálicles, baseia-se em uma espécie de antropologia naturalista e em um hedonismo que tenta equiparar o bom ao que é agradável e dá prazer. Já vimos que essa visão é oposta àquela proposta por Sócrates para quem conduzir a vida humana pela medida do prazer e desprazer é algo incompatível com a excelência e nobreza da nossa destinação enquanto seres espirituais. Sendo assim, por trás dos embates dialéticos de Sócrates com Górgias, Polo e Cálicles emerge uma diferença fundamental de interpretação metafísica da vida e dos tipos de vida: "À medida que o exame conduzido por Sócrates passa de uma personagem a outra, emerge a questão fundamental que é a do melhor modo de se viver: será a vida política da democracia ateniense, da qual a retórica é parte imanente, ou a filosófica, na imagem de Sócrates construída por Platão?"[61]

---

[61] LOPES, Daniel R.N. *Górgias de Platão:Ensaio Introdutório.* São Paulo: Perspectiva, 2016.

Os sofistas e os retóricos aperfeiçoaram até o requinte os meios técnicos de cultura e influência sobre os homens, mas quanto à finalidade visada por estes meios deram guarida às ideias mais primitivas. Os móveis da retórica pela retórica — apartada da fundamentação filosófica que Platão pretende dar ao discurso — são "a cobiça, a vontade de sucesso e a falta de escrúpulo"; Já a dialética socrática, animada por um "imperioso ethos interior" tenta mostrar que a justiça é superior à injustiça e que a felicidade está na vida virtuosa. Trata-se do novo humanismo de Platão tentando se impor sobre o humanismo relativista dos sofistas.[62]

Como partem de concepções distintas de natureza humana, Sócrates e os retóricos também sustentam concepções distintas de felicidade. Polo, por exemplo, não entende por que Sócrates não julga desejável o poder do tirano, Cálicles repudia a concepção moral de Sócrates como uma revolução que transforma todos os valores e Górgias, artífice da persuasão, tem entre os seus discípulos os indivíduos mais ávidos de poder e riqueza.

O objetivo da retórica não poderia estar em maior contradição com o objetivo da paidéia socrática: enquanto o ideal de vida retórico baseia-se na adulação, na lisonja do lado baixo da natureza, buscando prazer e aplauso, o ideal filosófico baseia-se no conhecimento da natureza do homem e do que para ela constitui o maior bem. Em luta contra o lado baixo da natureza, a filosofia esgrime a *enkratéia* (autodomínio) e a *autárkeia* (autosuficiência) como uma *téchne* (habilidade, arte, técnica) tanto do corpo quanto da alma.[63]

Ao elaborar a *paidéia* socrática como *téchne* política, Platão a opõe nitidamente ao Estado vigente. É da democracia ateniense, à qual a retórica está intimamente relacionada, que se gera o tirano, antípoda do filósofo. Isso se dá porque os políticos acabam tendo que escolher entre serem educadores do povo ou meros servidores do Estado, tendo que optar entre dois modos de tratar os homens: "o que procura

---

[62] JAEGER, W. *Paidéia: A Formação do Homem Grego. Passim*, p. 648-697.

[63] *Idem*, p. 648-697.

servir o povo ateniense pela adulação e o que consiste em lutar contra ele para torná-lo melhor".[64]

A história deu fama a políticos que apenas satisfizeram os seus próprios apetites e os da massa, porém, "a missão do estadista é infundir às suas obras uma determinada forma, um eidos tão perfeito quanto possível para, em seguida, se orientar por ele." Na pseudo-paidéia dos retóricos e sofistas, o estadista deve se adaptar à massa. Para Sócrates, porém, a missão dele é educacional e pressupõe, consequentemente, a justiça. Enquanto o político e o orador justificam seu esforço de alcançar o poder exterior com a necessidade de se protegerem contra o padecimento de injustiças, Sócrates afirma a necessidade de proteger-se contra o cometimento de injustiças. Tal proteção só é possível pelo conhecimento de si (*gnôthi seautón*), pelo cuidado de si (*epiméleia heautou)* e pelo conhecimento do bem.

Para Sócrates existe uma verdadeira arte do Estado que, entretanto, não se identifica com a retórica política ensinada pelos sofistas. Entre ambas há uma relação análoga à que existe entre um belo e saudável corpo formado por exercícios e a cosmética com sua arte de esconder os defeitos por meio de truques e adornos. A cultura política ensinada pela retórica dos sofistas é, pois, distinta da educação do verdadeiro legislador. Essa distinção fundamenta-se no problema primordial da essência e do valor do poder. O debate de Sócrates com os sofistas e retóricos é, de certo modo, o embate entre o conceito de Paidéia e o conceito de poder.

[64] *Idem*, p. 648-697.

MAQUIAVEL: A POLÍTICA ENTRE O VÍCIO E A VIRTUDE

A política — constituída na Antiguidade como amor à lei, anelo pela justiça, reflexão e prática em torno do bem comum e do melhor regime — transforma-se, a partir da modernidade, naquilo que Platão buscara superar: a concepção de justiça e de política como imposição da força, como jogo de poder, astúcia e aparência. A vida bela, contemplativa e justa passa, na modernidade, de nobre ideal e finalidade do homem para ideia vazia, irrealizável, desprovida de sentido e, por conseguinte, abandonada.

A virtude, considerada na antiguidade como elemento norteador, como fulguração do bem traduzida na ideia de Justiça, sofre um rebaixamento de valor e decai ao patamar de eficácia para obtenção da ordem e da paz social necessárias à manutenção da vida; ou seja, aquilo que antes era meio torna-se fim e aquilo que era fim torna-se nada no pensamento de Hobbes e Maquiavel, pensadores que, conscientemente, inauguram o pensamento político moderno com a rejeição explícita de toda filosofia política anterior. O esforço máximo e a máxima virtude encontram agora seu fim na conquista e manutenção do poder. O fim máximo é o Estado.

É em Maquiavel que a palavra Estado toma seu sentido moderno. Embora não a tenha definido, ele a utiliza referindo-se a todos os domínios que tiveram ou têm império sobre os homens, seja na forma de principado ou república. Na filosofia política moderna, há uma linha de pensamento dos adoradores do Estado e do poder que se inicia com *O Príncipe* de Maquiavel, passando pelo *Leviatã* de Hobbes, pela *Vontade Geral* de Rousseau e culminando no *Absoluto* de Hegel.

O Estado é o instrumento de dominação do homem, por intermédio de lei ou de milícia. Essa realidade, a do Estado e do poder é a única dimensão considerada por Maquiavel; é ela a realidade concreta, seu início (*archē*) e seu fim (*telos*). Não há transcendência. Religião e moral são fatores sociais, logo, não há justiça ou virtude como um valor em si e o imoralismo da sua obra principal é uma decorrência lógica do seu materialismo e pessimismo. O próprio Foucault, filósofo materialista francês contemporâneo, pouco afeito a questões transcendentes, mas bastante atento às questões do poder, explica bem essa transição ou ruptura da arte de governar iniciada por Maquiavel:

> Passa-se de uma arte de governar, cujos princípios foram tomados de empréstimo às virtudes tradicionais (sabedoria, justiça, liberalidade, respeito às leis divinas e aos costumes humanos) ou às habilidades comuns (prudência, decisões refletidas, cuidados para se acercar de melhores conselheiros), a uma arte de governar cuja racionalidade tem seus princípios e seu domínio de aplicação específico no Estado.[65]

Desconsiderando o conceito clássico de virtude como um fim ou um valor em si mesmo, Maquiavel passa a descrevê-la como a soma dos hábitos necessários para um determinado fim, entendendo que esse fim, dentro de um contexto político, pode justificar quaisquer meios. Pretendendo tratar não daquilo que deve ser, mas daquilo que é, o pragmatismo político de Maquiavel abre caminho para a emergência da "razão de Estado" em detrimento da moralidade, assentando em uma antropologia pessimista seu diagnóstico de que o mundo político é mau ou moralmente neutro.

---

[65] FOUCAULT, Michel. Resumo dos Cursos do *Collège de France*, p. 83.

Na preleção intitulada "As Três Ondas da Modernidade", Leo Strauss nos fala da fé bíblica secularizada como característica peculiar da modernidade, querendo dizer com isso que a modernidade preserva "pensamentos, sentimentos ou hábitos de origem bíblica", ao mesmo tempo em que perde ou atrofia a própria fé na religião.[66] Pois bem, à atrofia do sentimento religioso corresponde a atrofia da antropologia, passando o homem a ser concebido de uma maneira mais rasa e pessimista, justamente por passar a ser compreendido apenas a partir de si mesmo, fazendo do "homem medida do homem" o último critério, tal qual apregoava o humanismo típico dos sofistas que Platão esforçou-se tanto por superar.

Considerado sem levar em consideração a ordem maior que o contém, apartado da concepção de justiça como conformidade à ordem divina ou ordem natural, o homem rebaixa o olhar para o mundo em que vive, descurando aquele no qual deve viver. Sendo assim, "a virtude não deve ser entendida como aquilo em cujo nome a República existe, mas a virtude existe exclusivamente em nome da República; a vida política propriamente dita não está sujeita à moralidade".[67]

A meta política, explica Strauss, torna-se mais baixa e mais "em harmonia com o que a maioria dos homens deseja".[68] Ela torna-se mais viável porque já não se trata de combater os vícios no homem, mas de controlar por instituições fortes os homens viciosos. O caminho da modernidade torna-se então o caminho do egoísmo esclarecido.

Um ponto enfatizado por Strauss no referido ensaio é o modo peculiar como Maquiavel concebe a relação do homem de *virtú* com o acaso, o inesperado, o contingente, o caótico, o casual, o imprevisível: "A fortuna, afirma Maquiavel, é uma mulher que pode ser controlada pelo uso da força."

---

[66] STRAUSS, L. "As três ondas da modernidade". *In:. Uma Introdução à Filosofia Política: Dez Ensaios*. São Paulo: É Realizações, 2016, p. 95.

[67] *Idem*, p. 98.

[68] *Ibidem*.

Talvez não haja maior sintoma de rebeldia e revolta do homem do que a recusa em reconhecer nas circunstâncias do suposto acaso uma fatalidade, uma providência ou uma ordem mais profunda à qual se faz necessário uma adaptação com maleabilidade, resignação, fé ou boa vontade. Essa é uma das características dos sábios: uma adaptabilidade ao curso natural e muitas vezes incontrolável das coisas.

Maquiavel, porém, reclama tal adaptabilidade sob a forma de esperteza, ardil. Se o Evangelho de Jesus nos exorta a sermos "simples como as pombas e prudentes como a serpente (Mt 10:16)", Maquiavel exorta o príncipe a acrescentar à prudência da serpente a astúcia da raposa. Cruel, amoral e ardiloso: eis o príncipe, eis o político, alguém a quem a rigidez dos princípios éticos não diz respeito, embora possa valer-se da defesa de tais princípios em seus discursos, no jogo retórico do poder no qual impera a hipocrisia.

A visão de Maquiavel, guardadas as suas originalidades, não destoa do clima geral da modernidade no contexto da emergência da ciência natural. Rejeitada a noção de causa final constante na ciência antiga aristotélica, a natureza passa a ser vista como um grande mecanismo cuja compreensão da engrenagem dota o homem de um singular poder. O homem põe a natureza em questão e a conquista para o seu sentido de eficácia. Não se trata mais do saber pelo saber, tão caro aos antigos, mas do saber que tem poder, saber para o poder: *scientia propter potentian.*

Distante da ideia de natureza como ordem maior a envolver o homem, a própria noção de ordem passa a ser pensada como algo que estaria na sua exclusiva dependência, daí a ideia posterior do Estado como o resultado de um pacto racional, de um contrato social; daí a necessidade do poder para impor a ordem, já que esta não seria divina, natural ou espontânea, mas artificialmente imposta para conter os homens, que, geralmente, "são ingratos, volúveis, simuladores, tementes do perigo, ambiciosos de ganho".[69] A sociabilidade não é natural

---

[69] MAQUIAVEL. "Da Crueldade e da Piedade: Se é Melhor Ser Amado que Temido, ou Antes Temido que Amado". *In:* ______. *O Príncipe.* WMF Martins Fontes; 2010.

e o homem, portanto, não é um animal político, mas o político/o príncipe pode ou deve ser pior que o animal: a ele é permitido ser uma besta cruel a fim de assegurar a ordem social, a estabilidade do poder.

Essa ordem artificialmente fundada pela força para se impor sobre o homem só subsiste apartada da ética. São dois mundos distintos que não conversam entre si: o mundo da virtude, das ideias, dos ideais, dos valores supremos, do bom, do bem e do belo, e o mundo da política, do poder, da artimanha, da falsidade, da astúcia, da eficácia, da crueldade, da impiedade.

Com Maquiavel rompe-se, portanto, o pensamento que busca conciliar política e ética ou política e justiça porque, no seu pensamento político, rompe-se a própria noção de Justiça (*Dike*) como a mais excelente virtude (*Areté*). A expressão italiana *virtú,* da forma como é utilizada por Maquiavel, não pode ser interpretada como virtude propriamente dita. Ela é, na verdade, a negação e o ataque à virtude em seu sentido clássico e cristão. Só dentro do maquiavelismo, que pressupõe um retrocesso de milênios em termos de ética e moralidade, a *virtú* pode ser virtude. Olhando por esse prisma, *O Príncipe* traz para o pensamento político um atraso enorme. É o retorno à visão de mundo de Trasímaco, personagem da *República* de Platão, que afirma a força, e não a justiça, ou que tenta submeter o conceito de justiça ao conceito de força, ao afirmar a justiça como vantagem do mais forte.

A *virtú* de Maquiavel diz respeito à capacidade de submeter a fortuna por meio da força, da inteligência e da falta de caráter. A noção de eficácia, tão característica de toda a modernidade, faz-se central no pensamento político pragmático e supostamente realista de Maquiavel. O fim pelo qual se aquilatará tal eficácia é a conquista do poder e a manutenção do poder. Somente os fracos e os tolos, não o Príncipe, submetem suas ações à justiça e ao bem. Diz Maquiavel: "Quem quiser praticar sempre a bondade em tudo o que faz está condenado a penar entre tantos que não são bons. É necessário, portanto, que o príncipe que deseja manter-se aprenda a agir sem bondade, faculdade que usará ou não, em cada caso, conforme seja necessário".[70]

Vê-se que Maquiavel não leva à sério a tradicional distinção entre virtudes e vícios, tratando de tal distinção apenas no âmbito da aparência. O príncipe não precisa se preocupar com seus vícios, desde que aparente aos súditos ser virtuoso. Mas, caso insista em ser realmente virtuoso, no sentido de tentar sempre agir bem, tal inflexibilidade ou retidão de caráter o levaria à ruína. O homem de *virtú,* portanto, tem uma moral de conveniência. Não estando preso à camisa de força da moralidade pode ou não ser bom, a depender da circunstância

Se na filosofia clássica e na bíblia havia, em meio às evidentes diferenças, a fundamental semelhança da compreensão do aspecto transcendente da justiça, tal aspecto será, como já vimos, rejeitado por Maquiavel.[71] Atenas e Jerusalém partem de percepções da natureza humana para além da natureza bruta, apontando para aquilo que o homem pode efetivamente ser a partir dessa natureza dada. O ser humano é dotado de um *télos,* de um fim. Ele tende à perfeição. É próprio da natureza humana o aperfeiçoamento da sua própria natureza.

Na modernidade, porém, abandona-se a noção de teleologia própria do homem ao mesmo tempo em que se vai gestando uma noção de teleologia própria da história. O homem, ser racional e espiritual, não tende mais ao bem e à justiça, mas, paradoxalmente, a sociedade, formada por esses homens sem finalidade, tenderia para determinado fim.

---

[70] MAQUIAVEL. "Daquelas Coisas Pelas Quais os Homens, e Especialmente os Príncipes, São louvados ou vituperados". *In:* _______. *O Príncipe.* WMF Martins Fontes; 2010.

[71] "Para julgar apropriadamente a doutrina de Maquiavel, devemos considerar que, no aspecto crucial, há um acordo entre Filosofia clássica e a bíblia, entre Atenas e Jerusalém, apesar da profunda diferença e mesmo do antagonismo entre as duas. De acordo com a bíblia, o homem é criado à imagem de Deus (...) a justiça é obediência à ordem divinamente estabelecida, exatamente como no pensamento clássico, a justiça é conformidade à ordem natural." (STRAUSS, Leo. *Introdução à Filosofia Política: Dez Ensaios.* p. 97-98).

O fato é que a ruptura com a política clássica se deu enquanto escolha do amor pelo poder à despeito ou em detrimento do amor pela Justiça.[72] A política — tradicionalmente pensada como exercício da liberdade de indivíduos imersos em uma comunidade exercitando a busca do bem comum por meio da reflexão acerca do melhor regime e da elaboração das melhores leis — passa a ser compreendida simplesmente como proposta de domínio, como exercício de poder, e o maquiavelismo, bem disfarçado sob a roupagem de realismo político, passa a servir como uma luva às agremiações políticas de viés revolucionário, cujo *modus operandi* pressupõe o desprezo pelas ideias elevadas de moralidade. E os intelectuais orgânicos de tais instâncias político-partidárias não tiveram pejo em corroborar teorias que põem a ética a serviço do poder, fundando seu ideário político no artifício e na hipocria.

---

[72] ROCHAMONTE, C. "Idealismo e Realismo Político ou a Grécia Antiga contra Maquiavel". *In:* _______. *Um Olhar Liberal-Conservador Sobre os Dias Atuais.* Lisboa, Portugal: Chiado Books, 2019, p. 31.

HOBBES: O MEDO, O HOMEM E O ESTADO

Vimos no artigo anterior que Maquiavel, ao rejeitar a ciência natural teleológica e com ela "a visão de que o homem deve orientar--se pela virtude, pela perfeição, pelo seu fim natural"[73], rebaixou os padrões éticos a fim de viabilizar certa ordem social desejável e possível, mudando a ênfase do caráter moral para as instituições e avançando na ideia de uma república pragmática que se tornou "uma das correntes mais poderosas do pensamento político moderno".[74]

Pois bem, segundo Leo Strauss, Thomas Hobbes foi o autor que, ao mitigar o aspecto mais revoltante do pensamento de Maquiavel (qual seja, o corte completo da conexão entre política e lei e a fundação da sociedade civil sobre o crime) garantiu o sucesso da intenção primária do florentino, levando a revolução maquiaveliana à sua plena força ao reinterpretar a justiça ou o direito natural no espírito de Maquiavel:

> Hobbes aceitava a noção tradicional de que a justiça não é meramente criação da sociedade e que existe um direito natural. Mas ele também aceitava a crítica maquiaveliana da filosofia política tradicional: a filosofia política tradicional mirava alto demais. Assim, ele exigiu que o direito natural fosse derivado das origens: das necessidades e dos

---

[73] STRAUSS, Leo. *Introdução à Filosofia Política: Dez ensaios*, p. 67.

[74] *Idem*, p. 66.

> impulsos elementares, que determinam efetivamente todos os homens na maior parte do tempo e não da perfeição ou fim do homem, cujo desejo determina efetivamente apenas uns poucos homens e mesmo estes não na maior parte do tempo. Esses impulsos primários são obviamente egoístas. Eles podem ser reduzidos a um princípio: o desejo de autopreservação ou, expressando o mesmo em sentido negativo, o medo da morte violenta. Isso significa que não o brilho e o glamour da glória ou o orgulho, mas o terror do medo da morte é o que se apresenta como o berço da sociedade humana: não heróis, ainda que fratricidas e incestuosos, mas pobres diabos nus e trêmulos foram os fundadores da civilização.[75]

De fato, Hobbes encontra na natureza um único direito fundamental: o direito à autopreservação. A lei natural, anteriormente "entendida à luz de uma hierarquia de fins na qual a autopreservação ocupava o lugar mais baixo"[76] passa, pois, a ter nesse lugar mais baixo sua fundamentação. A necessidade de autopreservação aponta para o medo da morte violenta. Medo esse que Hobbes chega a quase fazer coincidir com a própria consciência. É, pois, dessa necessidade e desse medo fundamentais que se explica a passagem da condição do estado de natureza a para a condição do estado civil.

O terror que reina no estado de natureza, o pavor constante de ser morto a qualquer momento se relaciona, obviamente, à antropologia pessimista de Hobbes, para quem "O homem é o lobo do homem"[77] e está o tempo inteiro em uma "guerra de todos contra todos".[78]

No estado de natureza, o homem se deixa levar pelo natural egoísmo, generalizando a violência e elaborando meios cada vez mais eficazes de destruição do outro: "Numa tal condição (...) não há sociedade; e o que é pior do que tudo, há um medo contínuo e perigo

[75] *Idem*, p. 67.

[76] *Idem*, p. 100.

[77] HOBBES. *Sobre o cidadão*.

[78] *Idem*.

de morte violenta. E a vida do homem é solitária, miserável, sórdida, brutal e curta".[79]

Tão desgraçada vida é o que levaria os homens a estabelecerem um Estado em que o soberano terá poderes plenos para anular a liberdade de cada um em benefício da segurança de todos. Estando entre dois monstros: o Leviatã, o Estado, que tem poder e que concentra poder, mas que garante a paz, e Behemoth, o monstro da guerra civil, que ameaça com a morte violenta, o medo levaria os indivíduos a optarem pela monstruosidade estatal.

Convém notar também que a artificialidade e a monstruosidade do Estado postulado por Hobbes relaciona-se tanto à sua concepção reducionista e pessimista de homem quanto à sua consequente postulação acerca de uma insociabilidade nata, o que o coloca em confronto direto com a descrição clássica de Aristóteles do homem como um animal social, como um animal político (*zoon politikon*). Hobbes operava essa contraposição de maneira consciente. Considerando a antropologia e a filosofia política antiga e medieval mítica e utópica, almejava, como Maquiavel, retirar a política do âmbito da filosofia para conduzi-la ao patamar de ciência.

A maioria dos filósofos políticos acreditava haver tal disposição natural do homem para viver em sociedade. Para Hobbes, porém, os indivíduos só entram em sociedade quando constatam que a preservação da vida está ameaçada. Sendo assim, a formação da sociedade civil ou o pacto social é artificial e estratégico. O homem só é conduzido a uma ordem moral e à sociedade civil pela compreensão de que a sua própria conservação depende do contrato de transferência de direitos dos indivíduos para o Estado.

A igualdade natural dos homens é pensada por Hobbes em termos de desejo universal de autopreservação. Mas esse desejo de autopreservação, uma vez estabelecido o governo, "evolui para o desejo de autopreservação confortável".[80] E o Estado que tudo tira do indivíduo

---

[79] HOBBES. *Leviatã, I, XIII.*

[80] STRAUSS, Leo. *Introdução à Filosofia Política: Dez ensaios*, p. 67.

é também o mesmo Estado no qual o indivíduo deposita esperanças. Sendo assim, analisa Strauss:

> A glória de Maquiavel é esvaziada; ela é agora revelada como mera, insubstancial, mesquinha e ridícula vaidade. Contudo essa glória não dá lugar à justiça ou à excelência humana, mas à preocupação com o conforto, com o mais prático e com o pedestre hedonismo. A glória sobrevive apenas sob a forma de competição. Em outras palavras, enquanto a base do ensinamento político de Maquiavel era a glória, a base do ensinamento político de Hobbes é o poder. O poder é infinitamente mais aparentado ao mundo ordinário dos negócios humanos que a glória.[81]

É justamente na forma de pensar o poder que encontramos a principal inovação de Hobbes: a forma de legitimação do poder é inteiramente secular. Embora absolutista, sua argumentação não fundamenta o poder dos reis na teoria do direito divino. Rejeitando a noção aristotélica de potência, Hobbes faz o poder coincidir com a causa eficiente: poder é aquilo que causa determinado efeito. Por outro lado, o filósofo distingue tal capacidade de criar efeito (*potentia*) do direito de governar (*potestas*).

O poder (power), portanto, é cuidadosamente analisado em dois sentidos diferentes por meio do uso dos termos latinos *potentia* e *potestas*. Enquanto a *potestas* lida diretamente com a ideia de legitimidade, a *potentia* é o caráter neutro do poder. Os homens, por exemplo, têm *potentia,* mas não têm *potestas.* O Estado, por sua vez, possui ambos, porém, quando perde a *potentia,* perde também a *potestas,* ou seja, quando perde a capacidade de fazer efeito, a eficácia, perde junto com ela a legitimidade. Já que o indivíduo abriu mão do seu direito natural para proteger a própria vida, ele não deve obediência a um soberano que não seja mais capaz de protegê-la. Fora isso, o poder do Estado sobre o indivíduo é total e absoluto.

---

[81] *Idem*, p. 67.

A eficácia do Estado depende da submissão absoluta do indivíduo, que aliena sua própria vontade à vontade de um soberano ou de uma assembleia. O Estado, segundo Hobbes, só atingirá sua finalidade, só terá eficácia se exercer o poder despoticamente. Qualquer divisão de poder dá ensejo a competições que comprometem a paz almejada, podendo desencadear guerras civis. Sendo assim, o soberano não deve estar submetido a nenhuma lei, sendo ele próprio a fonte legisladora. O contrato social descrito por Hobbes é um estranho contrato em que uma parte abre mão de tudo e a outra não se sujeita a nada, um contrato no qual indivíduos medrosos, egoístas e hedonistas concordam em renunciar a todos os seus direitos, à exceção do direito à autopreservação e, em troca, o soberano promove a paz na qual tão débil existência estará protegida.

Leo Strauss explica que, embora não esteja contemplado aí o direito à propriedade e à aquisição ilimitada (Locke), "já no próprio Hobbes o direito natural à autopreservação inclui o direito à liberdade corporal e a uma condição na qual o homem não esteja insatisfeito com a vida: ele se aproxima do direito à autopreservação confortável que já está na base da doutrina de Locke".[82] Sendo assim, o *power politics* viabilizará e protegerá, por meio da correção hobbesiana de Maquiavel, o "hedonismo pedestre e respeitável"[83], a "sobriedade sem sublimidade e sutileza", própria do homem moderno. O Leviatã protege egoísta prático.

De todo modo, felizmente, a Inglaterra endossou Locke e não Hobbes e, dentre as soluções políticas oferecidas pela modernidade, optou, após a Revolução Gloriosa (1688), pela solução liberal, desmembrando o Leviatã com o predomínio das forças liberais na política, que derrotaram definitivamente o absolutismo real, dando lugar à monarquia parlamentar.

---

[82] STRAUSS, Leo. *Introdução à Filosofia Política: Dez Ensaios*. p. 100.

[83] *Idem*, p. 68.

JOHN LOCKE E O ESTADO DE DIREITO

Contexto histórico

O período no qual os contratualistas ingleses Thomas Hobbes (1588-1679) e John Locke (1632-1704) produziram suas obras é marcado por intensos e determinantes conflitos de ordem política e religiosa, de modo que se faz necessário um preâmbulo histórico a fim de contextualizá-los.

O rei Henrique VIII, da dinastia Tudor, era casado com a nobre espanhola Catarina de Aragão, que lhe deu uma filha, Maria I, mas ficou impossibilitada de ter outros filhos, o que colocava o trono inglês potencialmente em risco. Diante dessa situação, Henrique VIII solicitou ao papa a anulação do seu casamento, que foi negada. A despeito da recusa papal, o rei anulou por si próprio seu casamento, desposou Ana Bolena e foi excomungado. Ato contínuo, reagiu com a criação, em 1534, de uma Igreja nacional, a igreja anglicana, da qual se fez chefe.

Em meio às complexas questões nas quais se misturavam política e religião, em meio às inúmeras controvérsias entre católicos, anglicanos e puritanos (protestantes não anglicanos), a sociedade civil acabou ganhando força, "criando-se a tradição de se limitar o poder do monarca através de uma assembleia de representantes que se tornaria o embrião do parlamento moderno"[84]; o que não se deu, porém, sem forte resistência dos que defendiam o absolutismo.

Ao proclamar que o poder do monarca é de origem divina, James I (1566-1625) foi teoricamente contestado por vários pensadores, dentre eles Francisco Suarez (1548-1617) e, posteriormente, John Locke. Esse último, na verdade, contestou especificamente o livro *Patriarcha,* de Robert Filmer (1588-1653), que fundamentava a doutrina de James I. O governo de Charles I, filho de James I, encontrou bastante resistência e o confronto entre parlamento e rei resultou em uma guerra civil que se estendeu de 1642 a 1646, tendo por resultado a execução de Charles I (1649) e a extinção da monarquia.

Já vimos que, no contexto dessa guerra civil, Thomas Hobbes reivindicou teoricamente um poder soberano, absoluto, despótico, embora não o fundamentasse na teoria do direito divino dos reis. No pensamento de Hobbes, qualquer questionamento da autoridade do rei, qualquer divisão de poder conduz ao enfraquecimento do Estado e consequentemente à guerra civil. Ora, nesse aspecto, como em muitos outros, o pensamento de John Locke foi-lhe antípoda.

Mas sigamos as vicissitudes da história da Inglaterra. Veremos que, após a extinção da monarquia, o país foi governado entre 1653 e 1658 pela ditadura de Oliver Cromwell (líder dos puritanos), a cuja morte sucede uma restauração da monarquia por Charles II e depois por James II, que era católico.

A tentativa de James II de prolongar a permanência de um rei católico contraindo segundo matrimônio com uma princesa católica de quem teve um filho deu ensejo à Revolução Gloriosa, de 1688, "que coloca no poder a filha protestante do primeiro casamento de James II, a rainha Mary II (1662-1694), casada com seu primo Guilherme de Orange (1650-1702), que, com o título de William III, assumiu o trono juntamente com sua esposa".[85]

---

[84] PAIM, A. *Evolução Histórica do Liberalismo.* São Paulo: LVM editora, 2019, p. 59.

[85] *Idem*, p. 60.

Quando a Câmara dos comuns, vitoriosa, traz de volta, para assumir o poder, Guilherme de Orange, que estava refugiado na Holanda, deixa claro que tal poder, por ela conferido, seria por ela monitorado. Dali em diante, instaura-se definitivamente na Inglaterra a monarquia constitucional.

John Locke, que não por acaso retornou à Inglaterra no mesmo navio que transportava Guilherme de Orange, havia participado ativamente da Revolução Gloriosa, para cujo desfecho muito contribui a sistematização das ideias liberais concebidas na obra *Dois Tratados Sobre o Governo,* publicada em 1689, mesmo ano em que "o Parlamento vota a declaração de direitos (*Bill of Rights*), que se tornaria, juntamente com a *Carta Magna,* um dos mais importantes documentos políticos da época moderna, consagradores do denominado Estado de Direito".[86]

Dois tratados sobre o governo

O primeiro dos *Dois Tratados Sobre o Governo Civil,* de John Locke, ocupa-se da refutação da obra *Patriarcha* (1680), de *Sir* Robert Filmer, que defendia a monarquia absoluta e a origem divina do poder do monarca. Tendo refutado no primeiro tratado a teoria do direito divino dos reis, Locke oferecerá, no Segundo Tratado, um novo fundamento para o governo civil.

Diferentemente de Hobbes, Locke não equipara estado de natureza com estado de guerra. No estado de natureza há a lei natural, que não está restrita à necessidade de autopreservação, mas vai além. Todo homem é obrigado a preservar a si mesmo, mas todo homem é obrigado também a preservar, tanto quanto puder, a própria humanidade: "O estado de natureza tem uma lei de natureza para governá-lo, que a todos obriga; e a razão, que é essa lei, ensina a todos os homens que

---

[86] *Ibidem.*

[...] sendo todos iguais e independentes, nenhum deles deve prejudicar a outrem na vida, na saúde, na liberdade ou nas posses".[87] [§ 6].

O estado de natureza não é, para Locke, a condição de guerra de todos contra todos supostamente existente antes do advento da sociedade civil, mas um estado no qual a liberdade natural do homem é limitada tão somente pela lei natural, não havendo poder decisório para o qual se possa apelar em caso de conflito. Nesse sentido, Locke se insere na tradição antiga que pensa o estado de natureza como um estado já social (embora não civil). É um estado no qual os homens vivem juntos segundo a razão sem um superior comum com autoridade para julgar potenciais conflitos. Sendo assim, o estado de natureza de Locke não é tão violento quanto o de Hobbes e, consequentemente, os remédios propostos por ambos para os inconvenientes do estado de natureza não terão a mesma dosagem.

Locke tem clareza de que o poder absoluto e arbitrário de um poderoso Leviatã acarretaria uma situação pior que o próprio estado de natureza. Diferentemente do que se configura em Hobbes, o pacto social não se estabelece com a renúncia por parte dos indivíduos de sua liberdade em favor do Estado, a fim de dele obter proteção. Como o estado de natureza, para Locke, é um estado precário, mas não fatal, o pacto social não se estabelece num movimento radical, irrevogável e absoluto.

O único direito ao qual o indivíduo renuncia em troca da proteção do Estado é o seu direito de julgar e punir o erro dos outros, excetuando-se ainda os casos imediatos de legítima defesa. Não se trata, pois, na passagem do estado de natureza para o Estado civil, de um movimento de pânico em defesa da vida, mas de uma associação entre indivíduos livres a fim de salvaguardar a tranquilidade e a prosperidade, por meio da proteção mútua de suas vidas, suas liberdades e seus bens, que Locke designa com um nome geral de "propriedade".[88]

---

[87] LOCKE, John. *Segundo Tratado Sobre o Governo*, §6.
[88] LOCKE, John. *Segundo Tratado Sobre o Governo*, §123.

Vida, liberdade e bens

Esse conjunto (vida, liberdade e bens), ao qual Locke chama "propriedade", designa um todo inseparável que pode ser traduzido por "domínio próprio" e a construção desse conceito passa pela relação que Locke estabelece entre corpo, trabalho e propriedade privada. O trabalho seria uma extensão do corpo, e da posse que cada um tem de seu próprio corpo se deduz a posse dos materiais modificados por ele. Graças ao trabalho, o homem adquire o direito à propriedade, direito esse, portanto, que é natural e anterior à sociedade civil, embora não inato.

É dado ao homem, segundo Locke, apropriar-se, por meio do trabalho, de frações da natureza. Se o trabalho "atribui a maior parte do valor à terra, sem o qual dificilmente valeria coisa alguma"[89], o homem adquire, por meio dele, o direito à propriedade. Trabalho e propriedade não se encontram, pois, em relação de oposição, mas de frutífera interdependência: o trabalho é a origem e o fundamento da propriedade, sendo evidente que "embora a natureza tudo nos ofereça em comum, o homem, senhor de si próprio e proprietário de sua pessoa e das ações ou o do trabalho que executa, teria ainda em si mesmo a base da propriedade".[90]

É justamente a fruição da propriedade e a prosperidade dela advinda que estaria em constante ameaça no estado de natureza e é para defendê-la que se estabelece o pacto social. Não como um contrato entre governantes e governados, mas como acordo mútuo entre homens livres. Sendo assim, "o objetivo grande e principal, portanto, da união dos homens em comunidades, colocando-se sob governo, é a preservação da propriedade".[91] É, pois, a teoria da propriedade que explica, em Locke, a necessidade de transição do estado de natureza para a sociedade civil.

---

[89] LOCKE, John. *Segundo Tratado Sobre o Governo*, §43.

[90] *Idem*, §44.

[91] *Idem*, §124.

Liberdade e lei

A noção de liberdade sob o império da lei não é uma originalidade de Locke. Na verdade, essa doutrina, que está no âmago do liberalismo clássico, remete à própria tradição clássica, desde as primeiras formulações políticas da Grécia Antiga, mais especificamente nas concepções que forjaram o Estado jurídico ateniense. O que Locke fez foi dar-lhe maior clareza e aprofundamento, em uma linguagem mais em acordo com os pressupostos próprios da modernidade. De todo modo, a liberdade segundo Locke, é a liberdade segundo as mais tradicionais correntes liberais, servindo, inclusive, como pedra de toque para distinguir as tendências realmente liberais daquelas que se desviaram para um democratismo ou progressismo.

A liberdade não consiste em poder fazer tudo, mas em não estar submetido ao poder arbitrário de outrem; não se trata propriamente de um poder, mas de um tipo de relação social contrário à coerção. Em decorrência dessa definição, o próprio Estado é um governo de leis, não de homens: é uma situação do Estado de Direito, de *rule of law*:

> Como em todos os estados de seres criados capazes de leis, onde não há lei não existe liberdade. [...] Mas a liberdade não é, como nos dizem, licença para qualquer um fazer o que bem lhe apraz — porquanto quem estaria livre, se o capricho de qualquer outra pessoa pudesse dominá-lo? Mas liberdade de dispor e ordenar, conforme lhe apraz a própria pessoa, as ações, as posses e toda a sua propriedade, dentro da sansão das leis sob as quais vive, sem ficar sujeito à vontade arbitrária de outrem, mas seguindo livremente sua própria vontade".[92]

Conclusão

O filósofo inglês John Locke destacou-se, em polo oposto a Hobbes, como crítico do Absolutismo. Considerado pai do liberalismo, Locke

---

[92] LOCKE, John. *Segundo Tratado Sobre o Governo*, §57.

pretendia que o Estado fosse limitado e vigiado, precisamente para evitar que um poder excessivo avançasse sobre os direitos naturais dos indivíduos: direito à vida, à liberdade e à propriedade. Para Locke, todo governo deve ser limitado em seus poderes, existe somente pelo consentimento dos governados e deve ser regido por leis claras, gerais, públicas, não retroativas, estáveis e iguais para todos.

Essas ideias de Locke exerceram bastante influência em todo o pensamento político ocidental. Na sua época, o seus *Dois Tratados* serviram como justificação e fundamentação da Revolução Gloriosa, que estabeleceu na Inglaterra a monarquia constitucional. Posteriormente, no século XVIII, iluministas franceses colheram em suas ideias motivos para derrubar o *Ancién Regime*, Montesquieu nele se inspirou para a formulação da teoria da divisão dos poderes e pensadores americanos foram por ele influenciados na luta pela independência dos Estados Unidos. Suas teses estão na base das democracias liberais e no coração do liberalismo moderno.

ROUSSEAU: VONTADE GERAL E DEMOCRACIA TOTALITÁRIA

Jean-Jacques Rousseau é um escritor de bela e eloquente retórica, de estilo cativante e ideias instigantes; como filósofo, porém, é controverso, contraditório, cujas ideias são politicamente ora de direita (anti-intelectualismo, culto da natureza e da força, ódio ao progresso etc.), ora de esquerda (igualitarismo, economia dirigida pelo Estado, racionalidade construtivista etc.), sendo ora apropriado pela tradição democrática e liberal, ora apontado como adversário dessa mesma tradição. Nesse capítulo pretendemos mostrar, sob o respaldo do texto de Philippe Nemo em sua *Histoire des Idées Politiques aux Temps Moderne et Contemporains,* que ele é realmente um adversário dessa tradição democrática, liberal e pluralista que defendemos e que a interpretação que melhor lhe convém é a que o coloca como precursor do jacobinismo, da mentalidade antiliberal, como um expoente da literatura utópico-revolucionária e antidemocrática.

Nos capítulos anteriores, temos insistido na relação da tradição liberal com a própria Paidéia grega e seu momento de formação do estado jurídico ateniense, sendo assim uma espécie de direcionamento humanista da história ocidental que sofreu, não obstante, inúmeros desvios e ataques que fizeram com que o dinamismo da sociedade aberta recrudescesse sob a inspiração de ideias autoritárias e/ou totalitárias que germinaram em momentos terríveis da nossa história.

Pois bem, em um texto conhecido como *Prosopopéia de Fabricius*, que faz parte do seu "Discurso Sobre as Ciências e as Artes" (1750), Rousseau reprova nos romanos o terem sucumbido aos encantos da *Paidéia* grega. Entre Esparta, protótipo de Estado forte, totalitário, belicoso e disciplinar e Atenas, berço da nossa civilização, protótipo do Estado constitucional e das democracias liberais, Rousseau escolhe o primeiro, em consonância com a apologia da força daqueles que "sabem fazer" em detrimento daqueles que só "sabem dizer".

O referido discurso consiste da resposta elaborada por Rousseau à seguinte questão proposta em concurso pela Academia de Dijon: "O reestabelecimento das ciências e das artes contribuiu para purificar os costumes?". Rousseau responde negativamente e ainda afirma que, ao contrário, as artes e as ciências (que aqui simbolizam o progresso) corromperam os costumes. A civilização seria, pois, prejudicial, causa de ruína da felicidade primitiva dos homens. O homem saído das mãos na natureza, o *bon sauvage,* seria superior ao homem civilizado. "Escolhendo a natureza contra a civilização", explica Philippe Nemo, "Rousseau tomou partido pelo cinismo; escolhendo Esparta contra Atenas, ele tomou partido por aquilo que Karl Popper chama 'sociedade fechada'".[93]

Alguns anos depois, Rousseau acha por bem responder a uma nova questão posta pela Academia de Dijon, dessa vez acerca da origem da desigualdade entre os homens e se ela é autorizada pela lei natural. A resposta será o seu famoso *Discurso Sobre a Origem e os Fundamentos da Desigualdade Entre os Homens*, no qual expõe as hipóteses de que no estado de natureza não havia desigualdades, as quais se estabelecem somente a partir do momento em que o homem, tornando-se social, adota a propriedade. Rousseau explica ainda que essa desigualdade se retroalimenta até criar as sociedades hierarquizadas, concluindo então que tal situação é manifestamente contrária à lei natural.

---

[93] NEMO, Philippe. *Histoire des Idées Politiques aux Temps Moderne et Contemporains*. Paris: Quadrige/PUF, 2002, p. 806.

Ao buscar o homem puro, natural, Rousseau encontra nele dois traços essenciais: o amor de si (*amour de soi*) e a piedade (*pitié*), que podem ser entendidos como a preocupação com a autoconservação e a repugnância em ver um semelhante sofrer. Não obstante o fato de reconhecer a piedade como um sentimento natural, Rousseau não reconhece no homem natural a inclinação à sociabilidade. Assim como Maquiavel e Hobbes, e em contradição com o pensamento tradicional de Aristóteles ou dos estóicos a esse respeito, o filósofo genebrino interpreta o ser humano como não tendo capacidade nem vontade de formar laços sociais baseados em um sentimento inato de justiça.

Nota-se, pois, que a antropologia rousseauniana, apesar da formulação do *bom sauvage,* contém aspectos pessimistas, dentre os quais a paradoxal compreensão da liberdade ou da perfectibilidade humana como falibilidade[94], uma vez que ela estaria fundada sobre as paixões e não sobre a razão, sendo ela motivo de grandes infortúnios para a espécie humana.

O homem natural imaginado por Rousseau é algo próximo a um animal. Ele tem necessidade (*besoin*) e não desejos (*désir*); ele nem se presta à depravação de pensar: "Quase ouso garantir que o estado de reflexão é um estado não natural e que o homem que medita é um animal depravado".[95] Desprovido de desejos, ele pode viver em paz e em estabilidade, o que torna difícil a explicação da motivação da passagem do estado de natureza para a sociedade civil, que Rousseau empreenderá, porém, com críticas à teoria de Hobbes.

Para Rousseau, a luta de todos contra todos de que fala Hobbes não se deve à luta pela subsistência, mas à luta pela proeminência, paixão que não existiria no estado de natureza, mas teria sido criada pela sociedade. No estado de natureza mesmo, os homens não conheceriam a guerra. Se, para Hobbes, não havia, no estado de natureza,

---

[94] *Idem*, p. 809.

[95] "J'ose presque assurer que l'état de réflexion est un état contre nature, et que l'homme qui médite est un animal dépravé." (ROUSSEAU. *Discours Sur L'origine et les Fondements de L'inégalité Parmi les Hommes*).

nem justo nem injusto, para Rousseau não havia ali nenhum tipo de relação moral: nem vício nem virtude. O bom selvagem é como a besta loura pensada por Nietzsche em *A Genealogia da Moral*, é um ser amoral que pode expressar uma força bruta, mas o expressa com inocência.[96]

Não havendo nenhuma lógica imanente ao seu pensamento (como era o caso da "guerra de todos contra todos" postulada por Hobbes) que justificasse a saída do homem do estado de natureza, Rousseau começa a conjecturar ou inventar eventos que teriam conduzido à essa passagem. Sua primeira conjectura tornou-se antológica e expressa com bastante força sua opinião negativa em relação à propriedade privada:

> O primeiro que, ao cercar um terreno, teve a audácia de dizer 'isto é meu' e encontrou gente bastante simples para acreditar nele foi o verdadeiro fundador da sociedade civil. Quantos crimes, guerras e assassinatos, quantas misérias e horrores teria poupado ao gênero humano aquele que, arrancando as estacas e cobrindo o fosso, tivesse gritado a seus semelhantes: "Não escutem a esse impostor! Estarão perdidos se esquecerem que os frutos são de todos e a terra é de ninguém".[97]

A partir daí, a teoria do primeiro contrato social de Rousseau, aquele que estaria na origem da sociedade civil, é concebido como uma astúcia, como um artifício imaginado pelos ricos e realizado para sua própria vantagem; um contrato que apresenta as leis como sendo iguais para todos quando, em realidade, só aproveitaria aos poderosos e aos ambiciosos:

> Todos correram ao encontro de seus grilhões, crendo assegurar sua liberdade [...] Tal foi ou deveu ser a origem da sociedade e das leis,

[96] NEMO, Philippe. *Histoire des Idées Politiques aux Temps Moderne et Contemporains*, p. 812.

[97] ROUSSEAU, Jean-Jacques. *Discours Sur L'origine et les Fondements de L'inégalité Parmi les Hommes.*

que deram novos entraves ao fraco e novas forças ao rico, destruíram irremediavelmente a liberdade natural, fixaram para sempre a lei da propriedade e da desigualdade, fizeram de uma usurpação sagaz um direito irrevogável e, para proveito de alguns ambiciosos, sujeitaram doravante todo o gênero humano ao trabalho, à servidão e à miséria.[98]

Pouco importa se se trata de monarquia, aristocracia ou democracia. Para Rousseau, todos esses regimes tradicionalmente apresentados pela ciência política não passam de variantes do mesmo contrato social que favorece os poderosos.[99] É aí que se explicita a inclinação revolucionária do pensamento de Rousseau: é necessário mudar esse estado social através de um novo contrato (*nouveau contrat*), dessa vez legítimo porque fundado na Vontade Geral.

No artigo *Économie Politique* (1755) que escreveu para a Enciclopédia de Diderot, Rousseau apresenta-nos algumas funções do Estado, dentre as quais destaca-se a educação doutrinária e a direção da economia. Para "fazer reinar a virtude" que, para Rousseau, é a conformidade das vontades particulares à Vontade Geral, a educação deve ser retirada dos pais.[100] A obediência atual dos cidadãos ao Estado não seria suficiente; far-se-ia necessário preparar a obediência futura por meio de uma educação na qual as crianças devem ser constantemente sugestionadas a desprezarem seu próprio eu e a se submeterem ao todo, habituando-se a só enxergarem o indivíduo através das suas relações com o Estado, percebendo sua própria existência como parte dele.[101] Rousseau também advoga para o Estado a direção política da

---

[98] *Idem.*

[99] NEMO, Philippe. *Histoire des Idées Politiques aux Temps Moderne et Contemporains*, p. 817.

[100] "On doit d'autant moins abandonner aux lumières et aux préjugés des pères l'éducation de leurs enfants, qu'elle importe à l'Etat encore plus qu'aux pères; car selon le cours de la nature, la mort du père lui dérobe souvent les derniers fruits de cette éducation, mais la patrie en sent tôt ou tard les effets." (ROUSSEAU. *L'article Economie Politique de L'Encyclopedie*).

[101] *Idem*, p. 818.

economia. Tendo o dever de cuidar da subsistência dos cidadãos, o Estado deve dirigir a economia no sentido de criar uma igualdade de condições.

É na obra *Do Contrato Social* (1762) que encontraremos o quadro constitucional que operacionaliza esse Estado revolucionário.[102] Nesse livro, Rousseau expõe uma teoria de Estado na direção de uma democracia totalitária de pendor coletivista, onde é acentuado o poder coercitivo do Estado sobre os indivíduos, legitimado por esse filósofo enquanto expressão daquilo que chamou de a "Vontade Geral".

É na explicação cheia de aporias desse conceito que o texto de Rousseau, normalmente fluido, se faz mais áspero. A Vontade Geral, explica Rousseau, não é necessariamente a vontade de todos. A vontade de todos é apenas a soma das vontades particulares, enquanto a vontade geral olha para o bem comum. A vontade geral do povo não é, pois, a vontade coletivamente expressa nas assembleias populares, mas a soma das diferenças das vontades que se autodestroem".[103]

O paradoxo sustentado por Rousseau é o de que, ao me forçar a obedecer ao interesse geral, eu me forço a ser livre. Isso se daria porque a minha vontade particular é baseada nas minhas paixões e essas me cegam, fazendo com que eu pense que quero algo além do que quer o Estado. Ao descobrir, porém, a Vontade Geral, eu a reconheço como minha verdadeira vontade, dando, a partir de então, meu assentimento a tudo o que o Estado quer.[104] Mesmo que a vontade geral esteja bastante distante da minha vontade inicial ela está sempre certa e tende sempre para a utilidade pública. Philippe Nemo

---

[102] NEMO, Philippe. *Histoire des idées politiques politiques aux temps moderne et contemporains*, p. 819.

[103] "Il y a souvent bien de la différence entre la volonté de tous et la volonté générale; celle-ci ne regarde qu'à l'intérêt commun, l'autre regarde à l'intérêt privé, et ce n'est qu'une somme de volontés particulières: mais ôtez de ces mêmes volontés les plus et les moins qui s'entre-détruisent, reste pour somme des différences la volonté générale." (ROUSSEAU. *Le Contrat Social* – 1762).

[104] NEMO, Philippe. *Histoire des Idées Politiques aux Temps Moderne et Contemporains*, p. 830.

nos chama atenção ainda para a incompatibilidade do pensamento de Rousseau com o pluralismo próprio da tradição democrática-liberal:

> Rousseau é fundamentalmente um inimigo de disputas e sutilezas, fruto da civilização. As pessoas que se adaptam aos seus desejos são os bravos camponeses suíços que querem coisas simples e são unânimes em decidir as raras mudanças necessárias em suas leis. Eles nem são sutis o suficiente, diz Rousseau ternamente, para ser enganado. Com eles, é fácil determinar a vontade geral. Rousseau assim confirma sua condenação do pluralismo.[105]

Do exposto conclui-se, como foi dito de início, o caráter antiliberal e antidemocrático de Jean Jacques Rousseau. A noção de vontade geral é incompatível com a ideia de democracia formulada no contexto da Grécia antiga, no qual as mais diversas ideias eram consideradas e debatidas na *Ágora* por homens livres e intelectualmente maduros. A compreensão de que a verdade, a justiça ou o que é melhor para o bem comum seja algo muito mais complexo e heterogêneo do que o resultado da unanimidade homogênea de caracteres simplórios cuja vontade se anula perante o Estado é um ponto crucial das democracias liberais, cuja delicadeza, grandeza e fragilidade consiste justamente na sustentação dinâmica do tênue equilíbrio das razões e vontades individuais que não se anulam, mas colaboram e cooperam para uma sociedade saudável e capaz de progredir.

Além disso, segundo Philippe Nemo, há no pensamento de Rousseau uma espécie de "soteriologia milenarista laica"[106], que se expressa no anelo por um retorno ao paraíso perdido do bom selvagem. Seu pensamento aureola-se assim, segundo o autor, do caráter criptorreligioso e fanático próprio das ideologias de esquerda. De resto, cumpre notar que o pensamento de Rousseau se inclina para outro aspecto bastante característico das sociedades fechadas: a "perfeita

[105] *Idem*, p. 833.
[106] *Idem*, p. 817.

identidade entre coesão política e coesão religiosa", identidade essa que foi abalada quando "os judeus inventaram um monoteísmo estrito que era incompatível com a existência das religiões nacionais"[107]; abalo esse que foi agravado em seguida pelo cristianismo. Ou seja, a divisão entre um poder espiritual com vocação universal e um poder temporal como vocação nacional, fragilizou, segundo Rousseau, a unidade do Estado, sendo necessário pôr fim a tal separação por meio de uma "profissão de fé puramente civil" que enunciará os sentimentos de sociabilidade do bom cidadão. A despeito da auréola do novo dogma da religião civil, ela seria sancionada pelo braço secular do Estado, tal qual, alguns anos depois, Robespierre tentou fazer para impor à base de guilhotina o culto da deusa razão.

[107] *Idem*, p. 839.

PROGRESSISMO: PRIVILÉGIOS, HEGEMONIA E TENSÃO SOCIAL

Lei pervertida e progressismo

O liberalismo clássico, que é aquele que se vincula às origens da tradição política ocidental, prega a isonomia, a igualdade de todos perante a lei, a justiça nas regras do jogo, as normas formais, a ausência de privilégios legais, a equidade. Sua exigência de liberdade se expressa como restrição dos poderes coercitivos do Estado, como remoção dos obstáculos que se interpõem ao esforço individual, como correção de injustiças e de cerceamentos indevidos. A reinterpretação, porém, da noção de liberdade pela tradição iluminista francesa passa a relacioná-la a exigências de provisão por parte do Estado, à demanda por benefícios, abrindo espaço para que a própria legislação se torne potencialmente destruidora da liberdade. É o que Frederic Bastiat, na obra *La Loi* (1850), denuncia como a lei pervertida, transformada em instrumento de ambição em vez de funcionar como um freio para reprimi-la.

O indefinido alargamento, denunciado por Bastiat, do domínio da lei, a transição do seu caráter *negativo* (impedir que o direito ou a liberdade de um usurpe o direito ou liberdade de outro) para o positivo (organização da fraternidade e da solidariedade — coisas incompatíveis com a coerção) torna a legislação alvo de reivindicações categoriais constantes, abrindo largo espaço para queixas, conflitos, ódios, distúrbios, revoltas e revoluções.

A hipertrofia do princípio de igualdade em detrimento do princípio de liberdade fez com que o liberalismo francês se distanciasse dos princípios liberais clássicos e se deslocasse para um democratismo e para a esfera de influência do socialismo, tomando hoje a denominação de progressismo. O progressismo se caracteriza pela violência. Seja pela violência psicológica contra aqueles que não aderem à sua visão de mundo, seja pela violência de tentar impor sua visão de mundo à força de lei, seja pela violência *tout court*.

O progressismo insere-se, ainda, em uma perspectiva comunitarista, que tende a colocar o indivíduo em segundo plano, considerando-o como constituído pela comunidade em termos psicológicos e sociológicos, sendo esta uma das correntes mais exitosas no objetivo de capturar e pautar o debate político, uma vez que seu discurso foge a formalismos técnicos e capta o emocional.

A exploração econômica seria apenas uma das inúmeras modalidades de opressão; a opressão precisaria ser combativa também no âmbito simbólico e cultural. Opressão passa a ser uma categoria fundamental e as democracias liberais passam a ser confrontadas pelas demandas das minorias sexuais, religiosas, étnicas e culturais. Todas elas pautadas, instrumentalizadas, conceitualmente forjadas e discursivamente manipuladas pelo espectro político mais à esquerda e mais radical.

Política do reconhecimento

Nos últimos vinte anos, as instituições políticas e jurídicas das democracias liberais passaram a ser reféns dessa visão de mundo. Analise-se, por exemplo, aqui no Brasil, a atuação do STF, cujo ativismo de viés progressista é difícil de ser negado.

Chamemos — para fazer referência a uma obra de Charles Taylor — "política do reconhecimento" a essa política com ênfase nas demandas de grupos e indivíduos que se organizam em movimentos sociais em torno de uma identidade particular buscando reconhecimento e direitos diferenciados.

Pois bem, tal política pode ser ainda mais radical se considerarmos a leitura do conceito de *reconhecimento* fornecida por Axel Honneth, para quem a autonomia do indivíduo não depende apenas de si mesmo, só podendo ser exercida se o sujeito que age tiver respeito próprio, estando este respeito próprio, porém, na dependência do reconhecimento do valor do sujeito pelo outro através do respeito, da estima e do amor.

A consequência para as lutas sociais dessa interpretação do reconhecimento é que estas não se limitarão mais à retificação de injustiças como a exploração econômica ou a exclusão política, mas se estenderão à luta pelo reconhecimento e pela valorização do outro, passando-se de um discurso contra a desigualdade material para um discurso contra a desigualdade simbólica e da exigência legítima de um tratamento igual perante a lei para a exigência de leis que concedam privilégios a determinados grupos que, além dos privilégios concedidos, querem *se sentir* respeitados pela força da lei.

Os efeitos colaterais das políticas afirmativas

Os princípios da liberdade e da igualdade são os fundamentos primeiros da democracia. Os fundadores da democracia antiga trataram de constituir um Estado sob o império das leis justamente como garantia contra a arbitrariedade de algum tirano ou grupo de poder. Assegurada, em tese, a igualdade perante a lei, a democracia moderna tomou como missão ir além da igualdade legal em direção à correção de alguma desigualdade material e, tendo em vista segmentos sociais tidos por historicamente marginalizados, tornou-se comum a adoção de instrumentos de políticas públicas voltadas para esses grupos.

Esse tipo de programa que atua com segmentos e grupos preferenciais por meio da concessão de cotas é chamado hoje em dia de *ação afirmativa* nos Estados Unidos ou *discriminação positiva* no Reino Unido. Mas é interessante notar que, conforme expõe Thomas Sowell no livro *Ação Afirmativa ao Redor do Mundo: Um Estudo Empírico*

Sobre Cotas e Grupos Preferenciais, a expressão *ação afirmativa* surgiu nos Estados Unidos em um decreto do presidente Jonh F. Kennedy no qual se expressava "uma preocupação especial para garantir que aqueles que tinham sido discriminados no passado não mais o fossem no futuro – e que passos concretos fossem dados para que tudo e todos ficassem alertas quanto a isso".[108] Nas palavras do próprio Kennedy, em seu decreto presidencial, exigia-se que a "a ação afirmativa assegurasse que os candidatos fossem empregados e que trabalhassem *sem consideração de raça, credo ou origem nacional*".[109]

Como a concessão de privilégios a membros de grupos particulares fere os princípios das sociedades comprometidas com a igualdade dos indivíduos perante a lei, costuma-se atribuir a essas ações e programas um caráter temporário. Como se estabelece, porém, na maioria dos casos, o objetivo utópico de eliminar a desigualdade econômica e social, os programas se estendem e se complexificam cada vez mais. Conforme esclarece Sowell: "a igualdade de oportunidades pode ser obtida dentro de um período plausível de tempo, mas isso é totalmente diferente da eliminação da igualdade de resultados".[110]

A igualdade de representação dos diferentes grupos em uma determinada instituição "tem sido um fenômeno bastante raro — ou inexistente — exceto quando tais resultados numéricos são impostos artificialmente por cotas".[111] É normal que haja uma tendência de determinados grupos se engajarem em determinadas ocupações e isso não é necessariamente um aspecto negativo; pessoas são diferentes, com tendências diferentes e se fazem representar naturalmente no âmbito que melhor se adéque às suas propensões, tradições e interesses: "A representação equilibrada de grupos, considerada norma, é difícil ou impossível de ser encontrada em qualquer lugar, enquanto

---

[108] SOWELL, Thomas. *Ação Afirmativa ao Redor do Mundo: Um Estudo Empírico Sobre Cotas e Grupos Preferenciais*. São Paulo: É realizações, 2016, p. 17.

[109] Decreto nº 10.925 *Apud* SOWELL, *Thomas. Ação Afirmativa ao Redor do Mundo: Um Estudo Empírico Sobre Cotas e Grupos Preferenciais.*

[110] SOWELL, *Thomas. Ação Afirmativa ao Redor do Mundo*, p. 19.

[111] *Ibidem.*

a desigual, que é vista como desvio a ser corrigido, permeia as mais distintas sociedades".[112]

Outro aspecto a ser considerado é o impacto psicológico de tais medidas, tanto em relação aos grupos contemplados pelas cotas quanto em relação aos grupos que não usufruem de tais vantagens:

> Nem os grupos dos preferenciais nem o dos não preferenciais são blocos inertes que podem ser movidos de lá pra cá ao bel prazer do grande projeto de um terceiro. Ambos se confrontam com leis e políticas de incentivos e condicionantes, não como predestinações, e reagem à sua maneira. Tais reações incluem reclassificação de si próprio, alterações nos esforços e nas atitudes em função das conquistas, e mudanças de postura em relação aos membros de outros grupos.[113]

Dentre as reações dos integrantes dos grupos não preferenciais destaca-se a tentativa de reclassificação dentro desses grupos, e dentre aqueles que são contemplados pelas cotas não é incomum a perda de ênfase no desenvolvimento das habilidades necessárias para o exercício ou conquista da função obtida por meio do referido privilégio; ou seja, há um desestímulo para o desenvolvimento de habilidades específicas, já que se obterá facilidades de acesso ou permanência por aspectos outros que não aqueles relacionados especificamente àquela função.

Outro aspecto extremamente prejudicial é a estigmatização daqueles que logram êxito por meio de cotas, ou seja, *as políticas de cotas estigmatizam ainda mais as categorias já estigmatizadas* que as políticas afirmativas deveriam proteger, sendo, pois, um empecilho para o fim do preconceito. Há ainda enormes perdas sociais decorrentes de ressentimentos intergrupos, sendo lamentável que a sociedade que avançava no sentido de tratamento igual para todos os indivíduos independentemente de cor, credo, gênero, raça, opção sexual etc.

---

[112] SOWELL, *Thomas. Ação Afirmativa ao Redor do Mundo*, p. 21.

[113] *Ibidem.*

esteja agora passando ao tratamento desigual com base nesses mesmos critérios com base nos quais não se deveria julgar.

A instrumentalização política da mulher pelo feminismo

Em meio às mudanças que trouxeram o capitalismo liberal ao mundo, sob o influxo das novas condições sociais, políticas e econômicas dele derivadas, as mulheres passaram a expressar com toda força as legítimas e necessárias reivindicações por direito de participação política, acesso à educação, independência econômica etc. Na obra *Reivindicação dos Direitos da Mulher* (1792), Mary Wollstonecraft centra a sua argumentação na igualdade de inteligência entre homens e mulheres, fundamentando com isso a exigência pelo direito das mulheres à educação. Em 1869, um homem, liberal, John Stuart Mill leva adiante essa valorosa luta e publica a obra *A Sujeição da Mulher,* na qual denuncia a *desigualdade perante a lei* entre homens e mulheres.

Se nessa primeira onda, de caráter liberal, também conhecida como sufragista, o feminismo caracterizou-se fundamentalmente pelo acento colocado na igualdade perante a lei, na reivindicação de direitos cívicos e políticos, tendo sido, por isso mesmo, um grande passo em favor da justiça, dali em diante o feminismo se reinventará por caminhos tortuosos, como bem apontou o economista austríaco Ludwig von Mises:

> Enquanto o movimento feminista se limitar a igualar os direitos jurídicos da mulher com os do homem, a dar-lhe segurança sobre as possibilidades legais e econômicas de desenvolver suas faculdades e de manifestá-las mediante atos que correspondam a seus gostos, a seus desejos e à sua situação financeira, só é um ramo do grande movimento liberal que encarna a ideia de uma evolução livre e tranquila. Mas se, ao ir além dessas reivindicações, o movimento feminista crê que deve combater instituições da vida social com a esperança de remover, por este meio, certas limitações que a natureza impôs ao destino humano, então

já é um filho espiritual do socialismo. Porque é característica própria do socialismo buscar nas instituições sociais as raízes das condições dadas pela natureza e pretender, ao reformá-las, reformar a própria natureza.[114]

A análise de Mises foi certeira: as subsequentes ondas do feminismo não apenas despojaram-se do discurso liberal, mas passaram a combatê-lo, sob o influxo das lentes ideológicas do marxismo. Se o discurso classista ainda operava na segunda onda do feminismo, a terceira onda inseriu-se no contexto do neomarxismo de viés culturalista e progressista, caracterizado, como vimos, por uma política que quer atuar no nível simbólico, comportamental e que, com arrogância autoritária, pretende moldar os aspectos culturais de uma sociedade à base da força, na forma de leis.

Simone de Beauvoir em *O Segundo Sexo* (1949) defende que "mulher" seria um conceito socialmente construído, carente de essência, artificial e sempre definido pelo homem, seu opressor; por conseguinte, a tarefa da mulher que pretende emancipar-se é romper com essa simbologia contida no conceito cultural de mulher.

Betty Friedan, por sua vez, expõe no livro *A Mística da Feminilidade* (1963) que a liberação da mulher não teria sido lograda com as vitórias no terreno dos direitos civis e políticos já que os aspectos culturais e as regras informais, como a de ser esposa e mãe, que se associavam à mulher continuariam a oprimi-la. Ou seja, a luta política já está distante do âmbito de uma reivindicação legítima de reverter situações nas quais a mulher estaria em situação de tratamento desigual perante a lei: doravante a legislação passa a ser usada para impor a forma "adequada" de reconhecimento, de "representatividade", de "empoderamento" feminino.

A proposta de cotas para mulheres na política é um exemplo de concessão de vantagens especiais que fere os dispositivos constitucionais

---

[114] VON MISES, Ludwig. *El Socialismo: Análisis Económico y Sociológico.* Madrid: Unión Editorial, 2007, p. 107-108.

a fim de obter a forma supostamente adequada de representatividade e empoderamento.

Sabemos que, nos termos da constituição, "homens e mulheres são iguais em direitos e obrigações"[115], restando claro que não há espaço para o requerido privilégio feminino. É evidente que tanto mulheres e homens têm o direito de disputarem em igualdade de condições o pleito eleitoral quanto os cidadãos têm o direito de votarem em quem quiserem independentemente de sexo, cor, raça, orientação sexual etc.

Além disso, a proposta de cotas de gênero na política traz consigo vícios de discriminação negativa: a proposta não inclui, por exemplo, cotas para deficientes, negros ou índios, nem para os sem-terra ou quilombolas, nem para transgêneros e travestis. Por que não lhes garantir a cota de representatividade, uma vez que esta garantia está sendo requerida para as mulheres?

Aceitar as cotas de gênero que dão privilégio à mulher na disputa política é fazer a mulher entrar na política já pautada pela visão de mundo progressista que quer impor de cima para baixo leis que, em vez de limitar o poder político — o que nós liberais, libertários ou conservadores defendemos —, tende a ampliá-lo, fazendo-o incidir sobre os costumes e as reações interpessoais e cotidianas.

Progressismo: o lobo em pele de cordeiro

A obra *El Libro Negro de la Nueva Izquierda – Ideología de Genero o Subversión Cultural*, de Nicolás Márquez e Agustín Laje, expõe as sucessivas reformulações do marxismo a partir da análise do conceito de hegemonia que, de Lenin a Ernesto Laclau, passando por Antonio Gramsci, nos ajuda a entender a passagem de teorias inicialmente focadas na tomada violenta do poder pela classe proletária revolucionária para teorias que pressupõem a construção estratégica de discursos ideológicos homogêneos por meio dos quais as minorias

---

[115] Artigo 5º da Constituição Federal de 1988.

são instrumentalizadas, hegemonizadas e seus conflitos potencializados contra um inimigo comum, que é o capitalismo (ou a ordem espontânea do mercado) e os valores judaico-cristãos que sustentam a civilização ocidental.

Essa nova esquerda se disfarça em pele de cordeiro protegida pelo termo "democracia", embora a radicalização do componente igualitário da democracia para o qual ela tende represente o distanciamento dos princípios liberais e, consequentemente, a destruição do tipo de regime que ela falsamente diz defender.

Desde antes de Marx que o socialismo é bastante variado; no início do século XX, porém, o socialismo marxista prevaleceu sobre todas as outras correntes, inclusive sobre o então vigoroso anarquismo bakuninista, que é também uma espécie de socialismo. Quando se apresentou ao mundo através do panfleto *O Manifesto Comunista*, escrito por Marx e Engels, o jovem lobo de dentes afiados expôs sua voracidade, e para se diferenciar dos socialismos tímidos ou utópicos, adotou o termo "comunismo" como designação.

Por algumas décadas, os marxistas assim se proclamaram com grande orgulho; e proclamaram com pompa e estardalhaço o comunismo como sendo o caminho radioso da humanidade. Após devorar muitos milhões de cordeiros e ovelhas, o comuno-marxismo naufragou e a grande maioria dos seus remanescentes procurou se esconder debaixo de novas peles.

Primeiro, o termo "comunismo" foi aposentado, dando-se preferência ao termo mais genérico e brando de socialismo. Os marxistas brasileiros usaram e abusaram do termo "socialista", até que este também se desgastou. Então resolveram abandoná-lo e abraçar com entusiasmo o "progressismo". Hoje noventa por cento da esquerda brasileira tornou-se "progressista".

Não se pode negar inteligência e astúcia na apropriação do termo. Com efeito, "progresso" é palavra de significado positivo. Difundido pelo Iluminismo, adquiriu a conotação de mudança para melhor. Na formulação Kantiana otimista, "a humanidade caminha do bem para o melhor"; e esse caminhar positivo é, propriamente, o progresso.

Neste sentido, não conheço ninguém que seja contra. Os conservadores, abominando as violências e o terror revolucionários, não renegam o progresso, apenas têm prudência no modo como se busca progredir.

Uma das características que une o velho marxismo e a nova esquerda progressista é o esforço de controle das mentes por manipulação da linguagem. George Orwell tratou disso magistralmente no livro *1984*, onde descreve a distopia, o horror do totalitarismo comunista, que se poderia prever (o livro foi publicado em 1949) em sociedades futuras. Na distopia orwelliana, o instrumento por excelência do "Partido Interno" (o seleto grupo de fato dirigente) para a escravização das mentes é a "novilíngua", que se constrói, dentre outros pérfidos manejos, pela apropriação dos termos mais elevados no sentido de facilitar a promoção das vilanias totalitárias.

Infelizmente muitos meios de comunicação nos dão testemunho diário, no seu consenso comunicacional, de uma depauperação linguística advinda do uso abusivo de uma linguagem já corrompida e degradada por uma ideologia. A corrupção da linguagem pela ideologia gradativamente nos torna incapazes de compreender e acessar a realidade, que passamos a negar com fanatismo.

Tudo isso é assunto bastante complexo e tão antigo que poderíamos remeter ao célebre debate entre Platão e os Sofistas, que também pode ser compreendido como o debate entre dois modos de vida, entre dois modos antagônicos de estar no mundo e de compreendê-lo: um tem por objetivo o poder, o prazer, a violência e fundamenta-se na imanência, nas relações sociais, no discurso retórico vazio; o outro tem por objetivo a verdade, o belo, o bom, o justo e fundamenta-se na transcendência, no cosmos, em Deus.

AS REVOLUÇÕES LIBERAIS E A PRUDÊNCIA CONSERVADORA

Em capítulo anterior, apresentamos alguns aspectos do pensamento de Jean-Jacques Rousseau (1712-1778) que justificaram classificá-lo como um inimigo da tradição democrática-liberal ao invés de um liberal, ainda que radical. Até porque o radicalismo não deixa de ser um autoritarismo e aqueles que falam em democracia radical ou liberalismo radical são os mesmos que deturpam tais conceitos, os quais não se deixam acompanhar de tal adjetivação sem perder sua própria significação.

Esse introito justifica-se devido à pertinência de deixar explícito o entroncamento das ideias de Rousseau e de seus seguidores em uma "tradição autoritária que desemboca do populismo contemporâneo, merecendo naturalmente ser dissociado do ideário liberal"[116], conforme já explicava Antônio Paim no livro *Evolução Histórica do Liberalismo,* acrescentando que a designação *democratismo* seria mais adequada para essa tradição francesa.

Faz-se necessário, no entanto, apontar não apenas esse entroncamento autoritário, mas mostrar também que as diferentes formas de iluminismo estão na base das distintas tradições liberais. Sendo assim, temos um liberalismo britânico influenciado pelo iluminismo

---

[116] PAIM, Antônio. *Evolução Histórica do Liberalismo.* 2.ª ed. São Paulo: LVM Editora, 2019, p. 16.

escocês, pelo empirismo de David Hume (1711-1776) e pelas ideias de Adam Smith (1723-1790), um liberalismo francês influenciado pelo iluminismo francês, pelo racionalismo de René Descartes (1596-1650) e pelas ideias de Rousseau e um liberalismo alemão, influenciado pelo "*Aufklärung*", pelo idealismo transcendental de Immanuel Kant (1724-1804) e pelas ideias de Wilhelm von Humboldt (1767-1835).

De momento, porém, gostaríamos apenas de mostrar que a diferenciação entre duas dessas tendências liberais tornou-se nítida a partir da crítica de Edmund Burke (1729-1797) ao racionalismo iluminista, que não deixa de ser um dos fundamentos da sua acerba crítica à Revolução Francesa.

Estando de acordo quanto à liberdade de pensamento, de expressão e de imprensa e, por isso mesmo, fazendo frente a visões de mundo reacionárias, as duas correntes do liberalismo, a francesa (ou continental) e a britânica (ou clássica), divergiram no quesito do respeito à tradição, às instituições e à própria experiência humana ou compreensão do que seja mais eminentemente humano. Uma dessas correntes liberais assentava-se em uma tradição filosófica que superdimensionava a capacidade racional e outra em uma tradição filosófica que lhe enxergava os limites.

Ao tomarmos a Revolução Americana (1775-1783) e a Revolução Francesa (1789-1799) como eventos históricos decorrentes do influxo de tais ideias, convém notar que, embora ambas sejam normalmente apresentadas sob o mesmo epíteto de revolução, o que houve na América foi bem diferente do que o que houve na França. Não houve, no processo de independência dos Estados Unidos, uma tentativa de reconfigurar e reformar radicalmente a sociedade sob os auspícios da razão em detrimento da experiência humana acumulada nas instituições, hábitos e valores morais. O que houve na América foi antes uma luta de resistência, por parte dos colonos, para proteger os seus direitos.

De fato, o alto ideal político dos pais fundadores da América (*Founding Fathers*) estava em continuidade intelectual com o republicanismo inglês que, por sua vez, ancorava-se em toda a tradição de direito e de liberdade produzida pelo ocidente desde suas fontes na antiguidade clássica e no cristianismo. O "novo mundo" acabou sendo o terreno fértil para o desenvolvimento de um ideal democrático que, em solo europeu, já se misturava com ideias liberticidas, formando um amálgama difícil de reverter.

A despeito desse fio ligado à tradição, a Revolução Americana trouxe acréscimos originais tais como o federalismo como forma de limitar o poder do Estado, o controle judiciário das leis, o princípio da neutralidade religiosa e o adendo à constituição de uma "declaração dos direitos" que seriam inalienáveis e que asseguraria ainda mais a liberdade do indivíduo perante um eventual aumento do poder do Estado.

Edmund Burke, embora tenha apoiado os colonos americanos na luta pela independência, criticou enfaticamente a mentalidade revolucionária francesa que radicalizava na pretensão de desestruturar, desestabilizar e, em última instância, destruir a sociedade para, depois disso, remodelá-la segundo um modelo forjado pela razão humana. Sua obra *Reflexões Sobre a Revolução na França,* na qual apresenta de modo apaixonado e eloquente suas considerações a respeito desse acontecimento político, será como um divisor de águas entre essas duas correntes de liberalismo, configurando o que podemos chamar de conservadorismo moderno ou pensamento liberal-conservador.

A prudência política, tão cara ao conservadorismo, requer que se leve em consideração a experiência, os costumes e as tradições, algo que é incompatível com o imediatismo e o radicalismo das revoluções, muito bem descritas por José da Silva Lisboa, o nosso Visconde de Cairu (1756-1835), no seu prefácio ao *Extrato de Obras Políticas e Econômicas de Edmund Burke*:

> As revoluções são como os terremotos: tudo arruínam e nada reparam. A sociedade civil, depois de convulsões políticas, sempre torna a compor-se de ricos, e pobres, nobres e plebeus, bons e maus, quem manda e quem obedeça. A cena será renovada, e unicamente mudarão os atores. Só a doce influência da verdadeira religião e o progresso da cultura do

> espírito, podem diminuir erros e vícios dos homens, e fazer durar e florescer os impérios. Mas perfeição ideal é de absoluta impossibilidade. Que se ganha em revoluções? As ambições desordenadas se desenfreiam. É preciso confiar a força pública de novas mãos, e concentrá-las nas de poucos, ou de alguns, para se resistir aos inimigos internos e externos. Eis organizada a oligarquia, que logo finda em ditadura e tirania. Tal é o desfecho das revoluções antigas e modernas: e em algumas o despotismo se firmou para sempre.[117]

Muitos anos depois, de modo original, mas sem deixar de fazer eco às reflexões de Edmund Burke, a filósofa Hannah Arendt (1906-1975) sustentará, na sua obra *Sobre a Revolução,* a tese de que a Revolução Americana, diferentemente da Revolução Francesa, não foi uma revolução no sentido moderno, ou seja, no sentido radical de fundação de uma sociedade absolutamente nova.

Na referida obra, Arendt explica inicialmente que o termo em questão sofreu, na modernidade, um deslocamento conceitual que o distanciou do seu significado original, qual seja, aquele relacionado à sua origem astronômica e que diz respeito a um movimento recorrente e cíclico, cuja analogia em termos de movimentos sociais refere-se à ideia de restauração de uma ordem anterior.

Tal sentido original estaria muito distante da "ideia que se apoderou obsessivamente de todos os revolucionários, isto é, que eles são agentes num processo que resulta no fim definitivo de uma velha ordem e provoca o nascimento de um novo mundo".[118] A ressignificação do termo Revolução, no sentido de um novo começo, de uma nova história, de um novo mundo só aparecerá, segundo Arendt, com o aprofundamento dos movimentos revolucionários modernos.[119]

---

[117] LISBOA, José da Silva. *–Extrato de Obras Políticas e Econômicas de Edmund Burke*. São Paulo: LVM Editora, 2020.

[118] ARENDT, RENDT, Hannah. *Sobre a Revolução.* São Paulo: Editora Ática; Brasília: Editora UnB, 1988.

[119] "O conceito moderno de revolução, inextricavelmente ligado à noção de que o curso da História começa subitamente de um novo rumo, de que uma

A Revolução Americana, a exemplo do advento da *Polis* grega, teria tido, segundo a filósofa alemã, seu fundamento na "liberdade" e não na "libertação." A *liberdade*, enquanto fenômeno político, é entendida por Arendt como a participação do indivíduo em uma forma de organização política tal a que existia nas *pólis* gregas: uma forma de comunidade na qual "os cidadãos viviam juntos em condições de não mando, sem uma distinção entre governantes e governados".[120] A *libertação*, por seu turno, seria a resolução da questão social, seria o livrar-se da condição de fome, de pobreza, de miséria.

Daí não devemos concluir que a resolução da questão social não seja de fundamental importância, mas devemos constatar que "todos os registros das revoluções passadas demonstram, sem sombra de dúvidas, que todas as tentativas para resolver a questão social com meios políticos levaram ao terror, e que é o terror que condena as revoluções à perdição".[121]

Claro que essa distinção entre *liberdade* como opção política de vida e *libertação* como ausência da opressão pela necessidade é sutil, mas é ela que vai modular a crítica da filósofa ao radicalismo da Revolução Francesa, que, ao transformar os direitos do Homem em direitos dos *sans-culottes,* abriu mão de uma revolução fundada na liberdade e na lei, optando por um projeto de revolução que entregava a liberdade como moeda de troca pela libertação.

Fatores como a ausência de pobreza generalizada, a existência prévia de uma experiência de autogoverno e o confronto com uma monarquia constitucional e não com uma monarquia absolutista teriam sido fatores importantes para que a Revolução Americana triunfasse enquanto revolução liberal e não como uma revolução liberticida, tal qual ocorreria no período do terror em solo francês.

História inteiramente nova, uma História nunca antes conhecida ou narrada está para se desenrolar, era desconhecido antes das duas grandes revoluções no final do século XVIII [a americana e a francesa]." (*Idem*, p. 37).

[120] *Idem*, p. 24.

[121] *Idem*, p. 89.

O ponto mais significativo, porém, que diferenciaria a Revolução Americana da Revolução Francesa, segundo a filósofa, seria "o fato de que essa última afirmava, unanimemente, que 'a lei é expressão da vontade geral' (conforme estabelece o art. VI da *Déclaration des Droits de l´homme e du citoyen*, de 1789), uma fórmula que se pode procurar, em vão, tanto na Declaração de Independência, como na Constituição dos Estados Unidos".[122]

A distinção entre "lei" e "poder", explica Arendt, é asseverada na Constituição americana. O poder emana do povo, mas a lei é ditada pela constituição. No caso francês, porém, sob influxo das ideias rousseaunianas, a lei é a vontade do povo ou a vontade do povo é lei. Donde se conclui que, também para Hannah Arendt, o entroncamento autoritário do liberalismo em democratismo a partir das ideias de Rousseau, quase pôs a democracia e o liberalismo a perder, comprometendo assim o sentido mesmo da luta política, que é a liberdade.

[122] *Idem*, p. 147.

STUART MILL: A UTILIDADE DA LIBERDADE

John Stuart Mill foi educado pelo pai, o filósofo utilitarista James Mill, que lhe ensinou grego e aritmética em tenra idade. Também aprendeu cedo o latim com sua irmã mais velha. Na sua autobiografia, informa-nos que leu alguns diálogos de Platão aos sete anos, mas não compreendeu o *Teeteto* e que se divertia escrevendo uma História do Governo de Roma e uma História da Holanda. Por volta dos quinze anos leu um tratado que expunha as ideias de Jeremy Bentham, um pensador, assim como o seu pai, da corrente utilitarista. Aos vinte anos, porém, o jovem Stuart Mill sentiu o peso dessa educação rígida e excessivamente intelectualista, sucumbindo à depressão. Afastou-se, então, do logicismo exacerbado do sistema de Bentham, assim como dos excessivos rigores racionalistas aos quais estava submetido. Foi quando acrescentou à sua formação a poesia de William Wordsworth, o romantismo de S. T. Coleridge e até mesmo a utopia altruísta de Saint Simon. Mas sobrevieram também as ciências naturais e o positivismo de Auguste Comte.

Percebe-se, pois, um claro ecletismo, que o acompanhou por toda a vida e que ressoa na sua atuação como pensador, humanista, ativista político, parlamentar, jornalista etc. Por vezes tal ecletismo mostra-se inusitado, mas, após o estranhamento, sobrevém o espanto com o seu gênio capaz de harmonizar perspectivas distintas, elevando a outro patamar a compreensão de determinados temas. Sua tentativa de levar ao psíquico os pressupostos teóricos rígidos das ciências naturais pode ser entendido como reducionismo, porém, seu interesse no trajeto do espírito enquanto ente histórico, assim como seu entusiasmo em relação aos potenciais do ser humano quando impulsionado por uma educação potente, alçaram-no à esfera dos pensadores que mais contribuíram para o desenvolvimento das ideias pedagógicas e morais de seu tempo, podendo-se afirmar da sua filosofia que foi uma das mais influentes no âmbito humanístico-liberal.

Embora se tente forçar, por vezes, uma sua aproximação com o socialismo, Mill jamais defendeu o dirigismo econômico. Pelo contrário, reiterou várias vezes a defesa do *Laissez-faire,* sendo, pois, mais correto dizer que ele era sensível à questão social, tendo refletido sobre o problema da justiça distributiva e entendido a cooperação como uma forma de liberdade, sem, porém, jamais perder de vista a importância da liberdade individual, mantendo-se fiel ao individualismo liberal, embora, conforme afirma José Guilherme Merquior, ele possa ser considerado "uma ponte intelectual entre o liberalismo clássico e o socialismo liberal".[123]

Embora lutasse pela ampliação democrática — tendo feito inclusive, enquanto parlamentar, petição em favor do sufrágio feminino — Mill tinha algumas preocupações em relação aos possíveis efeitos colaterais da extensão da participação popular. Temendo que autoritários e populistas pudessem auferir "ganhos para si mesmos com a manipulação do sentimento popular, ou que o próprio sentimento popular, perpassado por uma mediocridade ainda não destronada, pudesse redundar na tirania da maioria"[124], Mill chega a defender, em *Considerações sobre o Governo Representativo,* um sistema de voto plural no qual o voto das pessoas educadas teria mais peso, o que, segundo Merquior, seria uma tentativa de "equilibrar a participação

[123] MERQUIOR, José Guilherme. *O Liberalismo Antigo e o Moderno*. Rio de Janeiro: Editora Nova Fronteira, p. 95-101.

[124] JUNGMANN, Rodrigo. Prefácio da obra MILL, Stuart. Sobre o Progresso e a Educação. Editora LUX, 2020).

e a competência, o acesso democrático e o governo esclarecido".[125] Vê-se, pois, a argúcia do autor no que compete ao universo político. Trata não apenas de ceder aos apelos populares, mas de convincentemente apoiar uma extensão gradativa do voto de acordo com a capacidade deliberativa a fim de que o regime não se corrompesse pelo populismo, hoje tão nefasto, equilibrando assim o princípio de participação com o princípio de competência.

Mesmo mantendo a crença no progresso, Mill rejeita a tecnocracia autoritária de Comte e mesmo sendo um utilitarista, ele rejeita o radicalismo de Jeremy Bentham, refinando a noção de felicidade para algo além de uma fruição imediata relacionada ao prazer material ou sensual.

Ao retificar alguns aspectos do utilitarismo, Stuart Mill torna essa doutrina menos incompatível com a liberdade do que o era nas reflexões de Bentham, que acabavam por justificar, por exemplo, o sacrifício da felicidade de alguns (e obviamente de sua liberdade também), caso isso servisse para maximizar a felicidade da maioria.

Conforme explica o professor Rodrigo Jungmann, a liberdade, para Mill, é "um componente basilar de obtenção de uma boa vida, de uma vida digna de ser vivida".[126] Ela é "inviolável pelos outros e irrenunciável pelo seu detentor".[127] Isso significa que, embora Mill não advogue a doutrina dos direitos naturais e inalienáveis, ele sustenta firmemente a defesa da liberdade, ainda que esta não seja um direito natural, mas um princípio derivado.

No livro *Sobre a Liberdade*, Stuart Mill apresenta uma firme defesa da liberdade de pensamento, não apenas sob a óptica da sua importância para o indivíduo, mas também como fator indispensável para o progresso da sociedade. A democracia liberal, portanto, é considerada

---

[125] MERQUIOR, José Guilherme. *O Liberalismo Antigo e o Moderno*. Rio de Janeiro: Editora Nova Fronteira, p. 95-101.

[126] JUNGMANN, Rodrigo. Prefácio da obra MILL, Stuart. Sobre o Progresso e a Educação: Editora LUX, 2020.

[127] JUNGMANN, Rodrigo. Prefácio da obra MILL, Stuart. Sobre o Progresso e a Educação: Editora LUX, 2020.

um regime melhor não devido à sua eficácia, mas devido ao fato de proteger o direito de cada um julgar e se expressar livremente, mantendo instituições capazes de resguardar esse valor tão útil à sociedade que é a liberdade. O cuidado de Mill, portanto, recai sobre algo que vivenciamos de modo muito forte atualmente: os limites à liberdade de expressão advindos do poder exercido por aqueles que não aceitam dissidência, ou seja, a tirania de uma opinião pública intolerante.

LIBERALISMO E DEMOCRACIA SEGUNDO NORBERTO BOBBIO

Apesar da existência atual de regimes denominados democracias liberais, o problema da relação entre liberalismo e democracia, explica Norberto Bobbio, é muito complexo. Tais termos se referem às "duas exigências fundamentais das quais nasceram os Estados contemporâneos nos países econômica e socialmente mais desenvolvidos: a exigência, de um lado, de *limitar* o poder e, de outro, de distribuí-lo".[128]

Enquanto o liberalismo é uma "concepção na qual o Estado tem poderes e funções limitadas, e como tal se contrapõe tanto ao Estado absoluto quanto ao Estado social", a democracia é uma forma de governo na qual o poder "não está nas mãos de um só ou de poucos, mas da maior parte, como tal se contrapondo às formas autocráticas, como a monarquia e a oligarquia".[129]

O pressuposto do liberalismo, o que fundamenta a sua exigência de limitação do poder do Estado é a doutrina dos direitos do homem, elaborada pela escola do direito natural (jusnaturalismo)[130], segundo a qual existem leis naturais que independem da vontade humana e que precedem à formação do grupo social. Essa doutrina está na

---

[128] BOBBIO, Norberto. *Liberalismo e Democracia*. São Paulo: Brasiliense, 2017, p. 8.

[129] *Idem*, p. 8.

[130] *Idem*, p. 11.

base das Declarações dos Direitos proclamadas tanto na Revolução Americana (1776) quanto na Revolução francesa (1789). O Estado de direito, corolário do liberalismo, busca regular os poderes públicos com base na constitucionalização dos direitos naturais, ou seja, "a transformação desses direitos em direitos juridicamente protegidos, isto é, verdadeiros direitos positivos".[131]

O utilitarismo de Jeremy Bentham, no entanto, pôs o liberalismo sobre um fundamento diferente. Ao invés de fundar a restrição do poder público sobre a existência de direitos naturais, como o fizera a secular tradição do jusnaturalismo, o "princípio de utilidade" de Bentham estabelece que os limites do poder dos governantes derivam "da consideração objetiva de que os homens desejam o prazer e rejeitam a dor e que a melhor sociedade é aquela que consegue obter o máximo de felicidade para o maior número de seus componentes".[132] Segundo Bobbio, "essa passagem do jusnaturalismo para o utilitarismo assinala, para o pensamento liberal, uma verdadeira crise de fundamentos"[133]. John Stuart Mill, que foi liberal e utilitarista, levou adiante essa perspectiva de Bentham.

Mill foi ao mesmo tempo liberal e democrata e considerava o governo representativo como o "desenvolvimento natural e consequente dos princípios liberais". Um aspecto peculiar do seu pensamento democrático foi a defesa do voto plural, por meio do qual os mais instruídos teriam voto com um peso maior. Sua ideia era que o ensino universal deveria proceder o sufrágio universal, o que diminuiria os riscos de degradação da democracia pelo populismo.

É importante notar que, embora existam as democracias liberais, um estado liberal não é necessariamente democrático nem um governo democrático implica necessariamente um estado liberal.[134]

---

[131] BOBBIO, Norberto. *Liberalismo e Democracia*. São Paulo: Brasiliense, 2017, p. 18.

[132] *Idem*, p. 63.

[133] *Idem*, p. 64.

[134] *Idem*, p. 7.

As democracias liberais são, na verdade, o resultado da combinação gradual dos ideais liberais com o método democrático. Essa combinação é salutar pois, segundo Bobbio, existem boas razões para crer que "o método democrático seja necessário para salvaguarda dos direitos fundamentais da pessoa, que estão na base do estado liberal" e que "a salvaguarda desses direitos seja necessária para o correto funcionamento do método democrático".[135] Bobbio constata ainda que "hoje, apenas os estados nascidos das revoluções liberais são democráticos e apenas os estados democráticos protegem os direitos do homem: todos os estados autoritários do mundo são, ao mesmo tempo, antiliberais e antidemocráticos".[136]

Mas a democracia só pode ser considerada um complemento natural do estado liberal no seu aspecto político, no que concerne ao sufrágio universal e às regras do jogo do poder. De fato, o sufrágio universal não é linha de princípio contrária ao liberalismo, mas sim complementar, uma vez que "os direitos políticos são um complemento natural dos direitos de liberdade e dos direitos civis"[137] e "o melhor remédio contra o abuso de poder de qualquer forma é a participação direita ou indireta dos cidadãos, do maior número de cidadãos, na formação das leis".[138] Com respeito, porém, "aos vários significados possíveis de igualdade, liberalismo e democracia estão destinados a não se encontrar".[139]

O tipo ou o significado de democracia que está historicamente ligado à formação do estado liberal é a chamada democracia formal ou procedimental e não a democracia substancial, uma vez que aquela "põe maior evidência no conjunto das regras cuja observância é necessária para que o poder político seja efetivamente

---

[135] *Idem*, p. 43.

[136] *Idem*, p. 44.

[137] *Idem*, p. 44.

[138] BOBBIO, Norberto. *Liberalismo e Democracia*. São Paulo: Brasiliense, 2017, p. 45.

[139] *Idem*, p. 42.

distribuído entre a maior parte dos cidadãos"[140] e esta põe ênfase no ideal de igualdade.

Ambos os significados de democracia, explica Norberto Bobbio, são historicamente legítimos, devendo-se salientar que, caso se opte por assumir a concepção substancial, que põe ênfase no ideal de igualdade, o problema das relações entre liberalismo e democracia torna-se muito complexo, pois quando se estendem à esfera econômica, "liberdade e igualdade são valores antitéticos, no sentido de que não se pode realizar plenamente um sem limitar fortemente o outro".[141] A incompatibilidade está também no fato de que:

> Libertarismo e igualitarismo fundam suas raízes em concepções do homem e da sociedade profundamente diversas: individualista, conflitualista e pluralista a liberal; totalizante, harmônica e monista a igualitária. Para o liberal, o fim principal é a expansão da personalidade individual, mesmo se o desenvolvimento da personalidade mais rica e dotada puder se afirmar em detrimento do desenvolvimento da personalidade mais pobre e menos dotada; para o igualitário, o fim principal é o desenvolvimento da comunidade em seu conjunto, mesmo que ao custo de diminuir a esfera de liberdade dos singulares.[142]

Há, porém, um tipo de igualdade que, segundo Bobbio, é não apenas compatível com o liberalismo, mas por ele solicitada: "é a igualdade na liberdade: o que significa que cada um deve gozar de tanta liberdade quanto compatível com a liberdade dos outros". Trata-se, na verdade, da fórmula clássica da liberdade sob o império da lei. O estado liberal, portanto, é o *estado de direito*, ou seja, aquele no qual os poderes públicos são regulados por normas gerais (as leis fundamentais ou constitucionais), refletindo "a velha doutrina — associada aos clássicos e transmitida através das doutrinas políticas

---

[140] *Idem*, p. 37.

[141] *Idem*, p. 39.

[142] *Idem*, p. 39.

medievais — da superioridade do governo das leis sobre o governo dos homens".[143]

Se, do ponto de vista da limitação dos poderes, o estado liberal é um estado de direito, do ponto de vista de suas funções o estado liberal se pretende um estado mínimo, cabendo notar, porém, que "pode ocorrer um estado de direito que não seja mínimo (por exemplo, o estado social contemporâneo) e pode-se também conceber um estado mínimo que não seja um estado de direito".[144]

De todo modo, na perspectiva liberal, o Estado é concebido como um mal necessário e, enquanto mal, deve se intrometer o menos possível da esfera de ação dos indivíduos, sendo os mecanismos constitucionais o obstáculo erguido contra o exercício arbitrário e ilegítimo do poder. Dentre esses mecanismos, Bobbio cita como mais importantes 1) o controle do poder executivo pelo poder legislativo (ou seja, do governo pelo parlamento); 2) eventual controle do parlamento no exercício do poder legislativo por parte de uma corte jurisdicional a quem se pede a averiguação da constitucionalidade das leis; 3) relativa autonomia do governo local em todas as suas formas e em seus graus com respeito ao governo central; 4) uma magistratura independente do poder político.[145]

O processo de formação do estado liberal confunde-se ainda com a progressiva emancipação da sociedade civil em relação ao Estado e o progressivo alargamento da esfera de liberdade do indivíduo, principalmente na esfera religiosa e econômica. O que marca mais profundamente a concepção liberal do Estado é a contraposição às várias formas de paternalismo. Bobbio chama atenção para o fato de que, embora muitos foquem na crítica exclusivamente econômica...

> O primeiro liberalismo nasce com uma forte carga ética, com a crítica ao paternalismo, tendo a sua principal razão de ser na defesa da autonomia

---

[143] *Idem*, p. 18.

[144] *Idem*, p. 17.

[145] BOBBIO, Norberto. *Liberalismo e Democracia*. São Paulo: Brasiliense, 2017, p. 19.

> da pessoa humana. Sob este aspecto, Humboldt vincula-se a Kant, este e Humboldt a Constant. Mesmo em Smith, que de resto antes de ser um economista foi um moralista, a liberdade tem um valor moral.[146]

Kant, na sua obra *Ideia de uma História Universal de um Ponto de Vista Cosmopolita* (1784) expressa a ideia de que o antagonismo é fecundo e induz ao progresso. A natural e contrastante variedade dos caracteres e das disposições, o antagonismo e a concorrência que essa heterogeneidade provoca seria um meio utilizado pela natureza para realizar o desenvolvimento de todas as suas tendências. A intervenção do Estado para além das tarefas básicas que lhe são cabíveis sufoca esse florescimento social, dificultando o progresso técnico e moral da humanidade.

Embora liberais costumem enfatizar mais o valor do indivíduo do que os democratas, Bobbio explica que "ambos repousam sobre uma concepção individualista de sociedade"[147] no sentido de se contraporem a uma concepção organicista (holista) que "considera o Estado como um grande corpo composto por partes que concorrem para a vida do todo e, portanto, não atribui autonomia aos indivíduos *uti singuli*". A diferença estaria, porém, no fato de que o interesse individual que o liberalismo se propõe a defender não é o mesmo daquele que é protegido pela democracia ou, dito de outra forma, as relações do indivíduo com a sociedade são vistas de modo distinto pelo liberalismo e pela democracia, sendo as principais diferenças as seguintes:

O liberalismo extrai o singular do corpo orgânico da sociedade e o faz viver nos perigos da luta pela sobrevivência, enquanto a democracia reúne o indivíduo aos seus semelhantes para que a sociedade seja recomposta não como um todo orgânico, mas como uma associação de indivíduos livres; o liberalismo reivindica a liberdade individual contra o Estado tanto na esfera espiritual quanto na esfera econômica

---

146 *Idem*, p. 27.

147 *Idem*, p. 45.

e faz do singular o protagonista de toda a atividade que se desenrola fora do Estado, enquanto a democracia faz do singular o protagonista de uma forma diversa de Estado na qual as decisões coletivas são tomadas pelos cidadãos e seus representantes; o liberalismo evidencia a capacidade do indivíduo de se autoformar e vê nele um microcosmo ou uma totalidade completa em si mesma, enquanto a democracia reconcilia o indivíduo com a sociedade e exalta a sua capacidade de superar o isolamento; o liberalismo tem por efeito a redução ao mínimo do poder público, enquanto a democracia busca expedientes capazes de permitir a instituição de um poder comum não tirânico, reconstituindo assim o poder público como soma de poderes particulares.[148]

Convém notar que, a despeito das diferenças, "a relação entre liberalismo e democracia nunca foi de antítese radical"[149], mas a relação entre liberalismo e socialismo sim. O "pomo da discórdia" entre ambos, explica Bobbio, é a liberdade econômica, "que pressupõe a defesa ilimitada da propriedade privada"[150], vista pelos socialistas como fonte principal da desigualdade entre homens, conforme apregoado por Rousseau.

A necessidade de se contrapor ao avanço do socialismo e seu programa de economia planificada e coletivização dos meios de produção fez com que a doutrina liberal se concentrasse cada vez mais na pauta econômica, em defesa da economia de mercado e da livre iniciativa. Esse fenômeno fez com que o liberalismo se identificasse cada vez mais como uma doutrina meramente econômica, o que costuma ser chamado de *liberismo*.[151]

Por outro lado, foi justamente o aparecimento, no século XX, dos estados totalitários, que possibilitou uma gradual convergência entre a tradição liberal e democrática. Os regimes nem liberais

---

[148] BOBBIO, Norberto. *Liberalismo e Democracia*. São Paulo: Brasiliense, 2017, p. 47-48.

[149] *Idem*, p. 79.

[150] *Idem*, p. 80.

[151] *Idem*, p. 86.

nem democráticos tornaram histórica e politicamente irrelevantes as diferenças originárias, possibilitando a sedimentação da tradição democrática liberal.

Ciente dos contrastes entre liberalismo e democracia, Norberto Bobbio defende "soluções de compromisso" para o que julga um "contraste benéfico" entre duas concepções de liberdade: a dos liberais (a liberdade negativa, que exige de um Estado que governe o mínimo possível) e dos democratas (a liberdade positiva, que almeja um Estado no qual o governo esteja o máximo possível nas mãos dos cidadãos).

Se os liberais, pondera o filósofo, aceitarem a "democracia como método ou como conjunto das regras do jogo" e os democratas atentarem para o "estabelecimento permanente dos limites em que podem ser usadas aquelas regras", liberalismo e democracia poderão passar "de irmãos inimigos a aliados".[152]

---

[152] *Idem*, p. 97.

A TRADIÇÃO DEMOCRÁTICA LIBERAL E A NOÇÃO DE ORDEM ESPONTÂNEA

Na introdução do livro *Histoires des Idées Politiques aux Temps Modernes e Contemporaines,* Philippe Nemo destaca como principal característica desse período o surgimento das teorias constitucionais que fundam o estado democrático liberal, o qual, embora lance raízes em pensadores antigos e medievais, tem por originalidade o paradigma que sustenta uma ordem para o pluralismo. Segundo o autor, tomou-se consciência, a partir das lutas políticas que marcaram a modernidade e a contemporaneidade europeia, que "a liberdade individual e o pluralismo, que é o seu corolário, não eram um fator de colapso social e desordem, mas uma forma superior de organização das relações entre homens".[153]

Sendo assim, a despeito das antigas raízes dessa tradição, foi sob a insígnia da valorização e defesa da ordem pluralista que se desenvolveram teórica e concretamente as instituições modelares do regime democrático e liberal que encontram no direito abstrato e universal, nos direitos do homem, no mercado, na liberdade de pensamento e de imprensa os seus principais elementos.

Definindo paradigma do pensamento social e político como uma espécie de quadro intelectual a partir do qual se pensam determinados

---

[153] NEMO, Philippe. *Histoire des Idées Politiques aux Temps Moderne et Contemporains*, p. 13.

problemas acerca da sociedade e do Estado e compreendendo esse quadro como o modo de perceber a ordem ou a desordem social, Philipe Nemo faz notar que é justamente esse paradigma que "determinará toda uma escala de valores em matéria política, social e econômica, pela qual se calibrarão as preferências, as opiniões, os programas".[154] É, pois, a visão acerca da *ordem social,* o que, por um lado, dá unidade às grandes famílias políticas e, por outro lado, estabelece entre elas as diferenças irredutíveis.

Para o autor, há três grandes famílias de teorias políticas, cada uma das quais comandada por certa visão de ordem social: a *direita* (comandada pelo paradigma da ordem natural), a *esquerda* (comandada pelo paradigma da ordem artificial ou pensada ou construída) e a tradição *democrática liberal,* comandada pelo paradigma da ordem espontânea (ou pluralista ou policêntrica ou auto-organizada ou cultural).[155]

Esses três modelos de ordem, porém, seriam frutos de longa evolução. Nas sociedades primitivas só se considerava uma ordem quando desejada e estabelecida pelos deuses. Ao mesmo tempo cósmica e social, sua compreensão como ordem sagrada excluía tanto a crítica quanto o progresso.[156] Foi apenas a superação da visão mítica, no contexto do surgimento da racionalidade filosófica e do próprio advento da *polis* na Grécia Antiga, por volta do séc. V a.C., que tornou possível a distinção entre ordem natural e ordem social e, consequentemente, o questionamento do caráter necessário e imutável desta última. É, pois, a distinção entre *physis* (ordem natural) e *nomos* (ordem artificial, humana) que viabiliza a abordagem crítica da sociedade e a própria política enquanto reflexão acerca das regras da vida social, com a pressuposição de que é possível moldá-las deliberadamente.

A dicotomia *physis-nomos* evolui, então, para a distinção entre lei natural e lei positiva, sendo a primeira permanente e universal e a segunda construída pela razão humana. Esse seria o quadro do qual emergem os principais problemas da política: "alguns pensadores

---

154 *Idem*, p. 14.
155 *Idem*, p. 16.
156 *Idem*, p. 17.

afirmam a primazia da lei natural, outros a independência do direito positivo e a possibilidade de forjar instituições e leis pela ação do livre arbítrio humano somente".[157]

Muito importante para a compreensão da tradição democrática liberal é a compreensão gradual que se vai formando de que há realidades que não são nem naturais nem artificiais. A linguagem, por exemplo, não é uma ordem natural nem artificial, mas se impõe ao homem como uma ordem exterior não manipulável. A mesma coisa se dá com a moral e o direito, ordens essenciais para o pensamento social e político: "não são ordens naturais porque variam no tempo e no espaço. Não são ordens artificiais porque ninguém poderia criar *ex nihilo* uma moral ou um sistema jurídico como um engenheiro pensa e constrói uma máquina ou um artefato".[158]

Foi justamente nos tempos modernos e contemporâneos, período de consolidação do estado democrático liberal, que "os pensadores tomaram plena consciência da especificidade dessas ordens constituindo explicitamente e cientificamente seus conceitos".[159] A noção, tipicamente liberal, de que os homens, ao se moverem em busca de seus próprios interesses, contribuem não intencionalmente para uma sociedade fecunda e produtiva insere-se nesse novo paradigma. Essa é a compreensão que emerge do iluminismo escocês e que é pressuposta pelo liberalismo clássico, britânico ou evolutivo:

> Hume explicará claramente como as convenções que definem a justiça são obra dos homens sem ser obra da razão humana. Adam Ferguson falará de ordens que resultam das ações do homem, mas não de suas intenções e Adam Smith evocará a famosa mão invisível do mercado fornecedora de uma ordem advinda não da mão do homem ou da mão de Deus, mas da sociedade que se organiza a si mesma.[160]

---

[157] *Idem*, p. 18.

[158] *Ibidem.*

[159] NEMO, Philippe. *Histoire des Idées Politiques aux Temps Moderne et Contemporains*, p. 19.

[160] *Idem*, p. 20.

Posteriormente, economistas como Jevons, Pareto, Carl Menger, Hayek etc, aperfeiçoarão a compreensão teórica dessa ordem espontânea auto-organizada contribuindo para pôr as questões políticas sob uma nova óptica:

> O objetivo das instituições do Estado e da ordem jurídica não era mais seguir uma suposta ordem natural, única fonte do que é justo, viável e fecundo. Tampouco era conceber pela razão a priori uma ordem social ideal ou utópica, que então aplicaríamos à realidade por meio de uma abordagem revolucionária, "voluntarista" e "construtivista". Era projetar as instituições mais favoráveis ao surgimento de uma ordem social espontânea, de modo que as ações humanas irredutivelmente pluralistas pudessem se ajustar perfeitamente umas às outras e assim produzir realidades sociais superiores.[161]

A história do pensamento político moderno e contemporâneo se confundiria, portanto, segundo Philippe Nemo, com a elaboração das teorias do estado democrático liberal fundamentadas na noção de ordem espontânea e com as resistências que esse projeto teve que enfrentar, a saber, os paroxímos alcançados pelas teorias políticas à esquerda quando radicalizaram o paradigma da ordem social artificial e pelas teorias políticas à direita quando radicalizarm o paradigma da ordem social natural.

O ideal democrático-liberal, por natureza incompleto e sempre em construção, tem superado terríveis ameaças. No século XX resistiu ao nazi-fascismo e ao comunismo e nesse século XXI precisa resistir às novas formas de recrudescimento, combatendo qualquer forma de totalitarismo, desde aqueles que ainda estão em germe até aqueles que já são ameaças concretas como o fundamentalismo islâmico.

---

161 NEMO, Philippe. *Histoire des Idées Politiques aux Temps Moderne et Contemporains*, p. 20.

LIBERDADE E ORDEM ESPONTÂNEA NO PENSAMENTO DE F. HAYEK

As duas fontes do liberalismo

Ao longo do século XVII, XVIII e XIX consolidava-se no ocidente uma tradição política que visava, dentre outras coisas, o primado da lei e da ordem sobre o autoritarismo e o arbítrio, a garantia das liberdades individuais, a separação entre os poderes, o respeito às instituições, a igualdade perante a lei, a neutralidade do Estado (separação entre esfera civil e religiosa) etc.

Essa importante força intelectual e política tem a particularidade de se originar de duas fontes distintas ou duas visões de mundo que, ainda hoje, coexistem e se misturam, confundindo um pouco o debate público que, muitas vezes, não incide sobre os problemas reais, que permanecem ocultos pela ausência de prévia análise linguística e genealógica dos conceitos que estão em jogo.

Estando de acordo quanto à liberdade de pensamento, de expressão e de imprensa e, por isso mesmo, fazendo frente a visões de mundo reacionárias, as duas correntes do liberalismo divergiam no quesito de respeito à tradição, às instituições e à própria experiência humana ou compreensão do que seja mais eminentemente humano. Uma das correntes liberais assentava-se em uma tradição filosófica que superdimensionava a capacidade racional e outra em uma tradição filosófica que lhe enxergava os limites. Falamos aqui do liberalismo continental, que se vinculou ao racionalismo cartesiano e ao iluminismo francês, culminando na Revolução francesa e do liberalismo evolutivo, que se vinculou ao iluminismo escocês, ao empirismo britânico e que teve na Revolução Americana um de seus grandes momentos.

O primeiro pilar do liberalismo britânico é Jonh Locke, mas o próprio Locke, com o seu *Segundo Tratado do Governo Civil* (1689), de certo modo, apenas tornou mais palatável ao leitor moderno as fórmulas clássicas do ideal de liberdade sob o império da lei. De fato, tais ideias remetem à Grécia dos séculos V/IV a.C., à concepção de direito natural e limitação dos poderes do Estado desenvolvida pelos filósofos estoicos, aos ideais defendidos pelos romanos Cícero, Tito Lívio e Marco Aurélio e aos autores medievais e da escolástica tardia sistematizados por Tomás de Aquino e posteriormente convertidos em um sistema de política essencialmente liberal pelos jesuítas espanhóis da Escola de Salamanca, considerada por muitos estudiosos como precursora intelectual da Escola Austríaca de Economia.

Pois bem, essa tradição liberal britânica difere, em muitos aspectos, da outra tradição que esteve na origem dos movimentos libertários dos países continentais em que vigia o absolutismo. Destaca-se da tradição continental, bastante influenciada pelos filósofos do iluminismo francês como Rousseau e Voltaire, além do aspecto livre-pensador, uma forte tendência anticlerical, antirreligiosa e antitradicionalista, tal como se vê expressa na famosa frase do livro *Extrait des Sentiments* de Jean Meslier, editado por Voltaire: "O homem só será livre quando o último rei for enforcado nas tripas do último padre".

Enquanto o iluminismo escocês travava significativo debate acerca da soberania da razão para estabelecer as regras morais e sociais, possibilitando a apreensão dos aspectos não racionais inerentes à estrutura humana e, consequentemente, à estrutura social, o iluminismo francês endeusava a razão. Trabalhamos, pois, com a hipótese de que as referidas distinções entre o liberalismo britânico e o liberalismo continental remetem à influência do empirismo ou naturalismo na primeira tradição (principalmente da figura de David Hume) e a influência do racionalismo cartesiano na segunda.

No interior dessa diferenciação de tendências liberais (que se tornou mais nítida a partir da crítica de Edmund Burke ao racionalismo iluminista) analisaremos o vínculo da Escola Austríaca de Economia com a primeira tradição a partir da compreensão que os grandes expoentes do iluminismo escocês tiveram da ordem social.

De fato, uma das principais contribuições metodológicas do iluminismo escocês para as ciências humanas e que influenciou o trabalho de expoentes da Escola Austríaca de economia, principalmente Friedrich Hayek, foi a noção de *ordem espontânea.*

A ordem espontânea da sociedade

A noção de ordem espontânea ou dos resultados não antecipáveis das ações individuais sugere que estruturas sociais complexas como economia, instituições políticas ou a própria moralidade não derivam de uma inteligência unificadora estritamente racional, mas de um conjunto de ações individuais que interagem entre si.

Se as ações humanas não são antecipáveis, seus resultados são imprevisíveis e por isso não faz sentido um planejamento social amplo. Mais importante do que saber que a complexidade do tecido social não se origina desse planejamento é deduzir que um tal planejamento prejudica a ordem social espontânea, pondo em risco toda a sociedade.

Todo fenômeno que envolve interações humanas é extremamente complexo e as instituições se originam de tais interações e não da ideação de um sujeito isolado ou de um grupo de intelectuais iluminados. As instituições funcionam porque milhares de pessoas, ao longo de séculos, pensaram sobre elas, observando e reformando seus defeitos, gerando uma sabedoria suprarracional da espécie que é superior, do ponto de vista da decisão política, à racionalidade de um indivíduo ou grupo de indivíduos.

A obra de F. Hayek *A Arrogância Fatal: Os Erros do Socialismo* é toda perpassada pela noção de *ordem espontânea* e pela exposição reiterada de que tal ordem "pode ultrapassar de longe os planos conscientemente idealizados pelos homens".[162]Levar em consideração esse dinamismo espontâneo, reconhecer a sua superioridade em relação ao planejamento possível à mente de um indivíduo ou de um grupo qualquer é o que Hayek entende por uso prudente da razão, contraposto por ele à arrogância do que chama de razão construtivista. A epistemologia à qual Hayek se vincula é, segundo ele mesmo esclarece, uma epistemologia evolucionária, "uma teoria do conhecimento que compreende a razão e seus produtos como desenvolvimentos evolutivos".[163] O economista chama ainda atenção para a importância das normas na consolidação da ordem espontânea. A evolução da civilização teria se dado pela seleção de determinadas condutas que se perpetuaram na forma de instituições e tradições nas quais estamos inseridos e que formam um todo cujo funcionamento é bem mais complexo do que o funcionamento das coisas que nós mesmos fabricamos.

A lei, no sentido de normas abstratas, seria pré-requisito para a evolução de uma ordem de cooperação espontânea cada vez mais complexa que lança suas raízes na segurança garantida aos indivíduos através dessas normas. A prosperidade estaria bem mais ligada à coordenação espontânea dos esforços individuais do que às políticas governamentais deliberadas. Não obstante, esses valores e as instituições centrais da ordem espontânea passam a ser questionados principalmente entre os pensadores franceses, no contexto do racionalismo cientificista reinante.

Hayek trabalha, portanto, com uma noção de estrutura auto-organizadora que não está limitada à economia, mas serve como instrumento de análise e compreensão de "todas as ordens complexas que existiam até então como milagres que só poderiam ser produzidos por uma versão sobre-humana do que o homem conhecia como

---

[162] HAYEK, F. A. *A Arrogância Fatal: Os Erros do Socialismo*. Tradução: Ana Maria Capovilla e Cândido Mendes Prunes. Edição preliminar de 900 exemplares, sem revisão final, especial para o VIII Fórum da Liberdade o IEE, p. 23.

[163] *Idem*, p. 26.

consciência".[164] A evolução cultural e moral, na forma de uma ordem espontânea, não seria nem o mero resultado de um instinto nem um planejamento da razão, mas algo entre o instinto e a razão depositado na tradição que "por sua vez não se originou de uma capacidade de interpretar racionalmente os fatos observados, mas do modo costumeiro de responder".[165]

Levando em conta que foi pela ordem espontânea que as coisas evoluíram é também por ela que devem continuar a evoluir, sendo, portanto, prejudicial a esse processo a arrogância racionalista que pretende tomar as rédeas e o controle do desenvolvimento futuro logo agora que as coisas se tornaram tão complexas. Sendo assim, todas as doutrinas modernas que compartilham dessa pretensão são englobadas na definição de "*racionalismo construtivista*", cuja crítica pressupõe a tese, defendida por Hayek, de um desenvolvimento paralelo da consciência humana e da civilização. Ou seja, nem a evolução cultural seria efeito da ação planejada do homem que pensa, nem o homem que pensa seria efeito dessa evolução, mas ambos teriam se desenvolvido e evoluído paralelamente.

Dois conceitos de liberdade

Na tradição clássica britânica, a liberdade é definida em termos de segurança do indivíduo e da propriedade e limitação dos poderes do Estado, ou seja, como proteção legal contra qualquer tentativa de coação arbitrária. Na tradição continental, a liberdade está mais próxima de uma demanda de autodeterminação de cada grupo em relação à sua forma de governo, além de estar vinculada a um forte racionalismo tal como se vê expresso na máxima de Espinosa de que "o homem livre é aquele que vive apenas conforme os ditames da razão."

---

[164] *Idem*, p. 72.
[165] *Idem*, p. 40.

É em Rousseau que Hayek vai identificar "a origem principal da arrogância fatal do moderno racionalismo intelectual que promete nos conduzir de volta ao paraíso".[166] Vimos que, para o economista austríaco, a evolução social está relacionada às condutas selecionadas e perpetuadas na forma de instituições, leis e tradições, ou seja, está relacionada justamente às contrições supostamente artificiais que acorrentam o "bom selvagem" que Rousseau quer libertar.

Com essa "permissão intelectual de se desfazer das restrições culturais"[167], o pensador francês "engendra um conceito de liberdade que se tornou o maior obstáculo à sua consecução".[168] Forja-se, assim, um raso conceito de liberdade, a liberdade dos intelectuais progressistas, que beira a libertinagem, uma vez que considera como um melhor guia de conduta não a tradição ou a razão, mas o instinto animal primitivo.

Essa falsa noção de liberdade, que em verdade trai a tradição ética ocidental baseada no autodomínio, no controle dos desejos, nas instituições e nas leis, acaba sendo um ataque aos próprios fundamentos da liberdade, como a propriedade individual, que passa a ser vista como suspeita e como limitadora.

Trata-se, portanto, de duas concepções distintas de liberdade que ainda hoje expõem visões de mundo fundamentalmente diferentes. De um lado, tem-se a consciência de que, consistindo a liberdade no direito que cada indivíduo possui de perseguir seus objetivos distintos e específicos, essa liberdade jamais se poderia dar de forma irrestrita, já que uma liberdade sem limites incidiria inevitavelmente sobre a liberdade alheia, sendo, pois, necessário para o próprio exercício da liberdade a designação de campos dentro dos quais cada um poderá dispor de recursos para seus próprios fins e de "normas abstratas que

---

166 HAYEK, F. A. *A Arrogância Fatal: Os Erros do Socialismo*. Tradução: Ana Maria Capovilla e Cândido Mendes Prunes. Edição preliminar de 900 exemplares, sem revisão final, especial para o VIII Fórum da Liberdade o IEE, p. 75.

167 *Idem*, p. 75.

168 *Idem*, p. 75.

impedem a coerção arbitrária ou discriminatória por alguns ou de alguns, e que invada a livre esfera do outro".[169]

De outro lado, tem-se os intelectuais que, de Rousseau a Foucault, passando por Habermas, "acreditam que a alienação predomina em qualquer sistema no qual uma ordem é imposta aos indivíduos sem seu consentimento consciente".[170] Na verdade, trata-se de um conceito arcaico de libertação que "em sua exigência de se libertar de morais tradicionais" apenas requer a libertação do "ônus do trabalho disciplinado, responsabilidade, aceitação de riscos, poupança, honestidade, cumprimento de promessas, etc".[171]

Segundo Hayek, "os defensores de tal libertação destruiriam o fundamento da liberdade e permitiriam que os homens agissem de maneira a acabar irreparavelmente com as condições que tornam a civilização possível. Um exemplo é a chamada 'teologia da libertação', principalmente na Igreja Católica Romana da América do Sul".[172]

A "ladainha de erros" e a arrogância socialista

A arrogância fatal, criticada por Hayek, reflete-se tanto no desprezo da sociologia pelas "disciplinas consagradas que há muito tempo estudam estruturas crescidas como o direito, a linguagem e o mercado"[173] quanto nas tendências filosóficas racionalistas da modernidade. *Racionalismo* (negação de que convicções fundadas em outra coisa que não o raciocínio dedutivo ou indutivo), *empirismo* (limitação do conhecimento ao processo experimental), *positivismo* (visão segundo a qual todo conhecimento verdadeiro é científico) e *utilitarismo* (noção

---

[169] HAYEK, F. A. *A Arrogância Fatal: Os Erros do Socialismo*. Tradução: Ana Maria Capovilla e Cândido Mendes Prunes. Edição preliminar de 900 exemplares, sem revisão final, especial para o VIII Fórum da Liberdade o IEE, p. 91.

[170] *Idem*, p. 92.

[171] *Idem*, p. 93.

[172] *Idem*, p. 93.

[173] *Idem*, p. 77.

de que prazer e dor são os critérios que determinam a justeza da ação do indivíduo) perfazem a "*ladainha de erros*" que Hayek tenta desconstruir ao apontar seus pressupostos, sobretudo a ausência de percepção acerca da existência de limites ao nosso conhecimento ou à razão em algumas áreas.

As pressuposições equivocadas de que "aquilo que não é cientificamente provado ou não é plenamente compreendido ou não tem um propósito plenamente especificado, ou que possui alguns efeitos desconhecidos, é desarrazoado"[174] seriam, segundo Hayek, "particularmente convenientes ao racionalismo construtivista e ao pensamento socialista"[175], enfoques esses que "decorrem de uma interpretação mecanicista ou fisicalista da ordem espontânea da cooperação humana, ou seja, da concepção da ordem como aquela organização e aquele controle que poderíamos exercer sobre um grupo se tivéssemos acesso a todos os fatos conhecidos aos seus membros".[176]

Ocorre, porém, que esse conhecimento não é possível e não é planejando artificialmente uma nova ordem racional que a humanidade conseguirá algo melhor do que o que temos agora. A arrogância socialista tem por objetivo "nada menos que empreender um projeto novo e abrangente de nossa moral, da lei, da linguagem tradicionais"[177] por meio dos seus "conselhos para a perfeição". No entanto, "existe um sistema moral altamente evoluído, bastante sofisticado em nossa ordem espontânea ao lado da primitiva teoria da racionalidade e da ciência defendida pelo construtivismo, cientificismo, positivismo, hedonismo e socialismo"[178]

Percebe-se, portanto, que, em suas considerações sobre a moral, Hayek segue a trilha de David Hume, para quem a tradição e o hábito

---

[174] *Idem*, p. 95.

[175] HAYEK, F. A. *A Arrogância Fatal: Os Erros do Socialismo*. Tradução: Ana Maria Capovilla e Cândido Mendes Prunes. Edição preliminar de 900 exemplares, sem revisão final, especial para o VIII Fórum da Liberdade o IEE, p. 95.

[176] *Idem*, p. 95.

[177] *Idem*, p. 95.

[178] *Idem*, p. 97.

ou o hábito da tradição têm mais força do que as conclusões racionais como móbil de condutas. Hayek lembra, inclusive, que não é apenas Hume que considera que as normas morais não são conclusões da nossa razão, mas que essa é uma tendência seguida "por uma longa série de estudiosos da evolução cultural, desde os gramáticos e linguistas clássicos romanos, passando por Herder, Giambattista Vico [...] e os historiadores do direito alemão".[179]

Em toda ordem espontânea há um enorme espaço de indeterminação, predominando as consequências não premeditadas. No mercado, como sabemos, a "distribuição de recursos é efetuada por um processo impessoal no qual os indivíduos, agindo em função de seus próprios fins (estes também muitas vezes bastante vagos), literalmente não conhecem e não podem conhecer qual será o resultado geral de suas interações".[180] Trata-se, portanto, de um processo auto-ordenador desprovido de atributos morais que pode, inclusive, gerar aversão, induzindo à invenção de uma moral que tenta controlar a evolução sob o pretexto de torná-la justa.

Essa vontade de intervenção seria, para Hayek, arrogante e ingênua, mas, sobretudo, prejudicial ao processo evolucionário em curso.

A complexidade da civilização, a exuberância da tradição, a produtividade do comércio estão ligadas à exuberância, à potência e à riqueza dos mundos subjetivos de cada indivíduo, que se entrecruzam em suas diversidades de propósitos, satisfazendo de modo mais eficaz as necessidades em geral do que o fariam a "homogeneidade, a unanimidade e o controle".[181] É portanto ao "desenvolvimento do espírito individualista" que se devem "a divisão das especializações, o conhecimento e o trabalho, nos quais se baseia a civilização avançada".[182]

---

[179] *Idem*, p. 99.

[180] *Idem*, p. 102.

[181] *Idem*, p. 130.

[182] HAYEK, F.A. *A Arrogância Fatal: Os Erros do Socialismo*. Tradução: Ana Maria Capovilla e Cândido Mendes Prunes. Edição preliminar de 900 exemplares, sem revisão final, especial para o VIII Fórum da Liberdade o IEE, p. 137.

O problema da justiça social

O adjetivo "social" é, para Hayek, confuso e perigoso, já que seus sentidos concreto e normativo confundem-se imperceptivelmente, indo da descrição à prescrição, tornando-se assim "uma espécie de palavra de ordem para a moral racionalista visando substituir a moral tradicional, que agora cada vez mais suplanta a palavra 'bom' como designação do que é moralmente certo".[183]

Para ilustrar o modo como o adjetivo social "destrói totalmente o significado de qualquer palavra que qualifica"[184], Hayek escolhe a expressão "*justiça social*". Como, para ele, a justiça distributiva que reduziria ou acabaria com as diferenças de renda é incompatível com a ordem de mercado competitiva que assegura a própria manutenção da sociedade, então o termo "deveria em realidade ser chamado 'antissocial'".[185]

Sob pretexto de segurança e justiça social pode-se atingir o ser humano em um aspecto que lhe é fundamental: a inventividade. A ordem de mercado é justamente aquela que assegura ao homem o exercício de sua criatividade e de sua potência na busca constante de adaptação ao desconhecido. Somente a ordem de mercado possibilitaria aos indivíduos fazerem uso de um conhecimento essencialmente disperso e que "não pode ser coligido e canalizado para uma autoridade encarregada da tarefa de criar deliberadamente a ordem".[186]

Na ordem espontânea de cooperação humana, a alocação de recursos não se dá segundo critérios de justiça. A exigência de que cada indivíduo receba o que moralmente merece seria inócua, estando a humanidade dividida "em dois grupos hostis por promessas que não têm um conteúdo realizável"[187], sendo que aqueles alinhados à ética

[183] *Idem*, p. 154.

[184] *Idem*, p. 159.

[185] *Idem*, p. 160.

[186] *Idem*, p. 109.

[187] *Idem*, p. 161.

anticapitalista "representam uma grande ameaça à civilização", pois "condenam as instituições geradoras de riqueza às quais elas próprias devem sua existência".[188]

A dispersão do conhecimento

O ensaio de Friedrich Hayek, *O Uso do Conhecimento na Sociedade,* foi inicialmente publicado na American Economic Review em setembro de 1945 e posteriormente, em 1948, republicado no livro *Individualism and Economic Order.* Nesse texto, Hayek explicará por que as decisões voluntárias tomadas no mercado em lugares e circunstâncias individuais e específicas são mais eficientes do que decisões tomadas por um órgão planejador central.

A explicação fundamenta-se no fato de que os 'dados' totais da sociedade a partir dos quais são feitos os cálculos econômicos não podem ser dados sem recobrirem "pedaços dispersos de conhecimento incompleto e frequentemente contraditório, distribuído por diversos indivíduos independentes"; conhecimento esse cuja utilização será otimizada não pelo mero levantamento de estatísticas, mas pelos indícios fornecidos no mercado pelo sistema de preços.

Para Hayek, o problema econômico da sociedade não é simplesmente o da alocação de recursos que já estariam dados, mas o da "utilização de um conhecimento que não está disponível a ninguém em sua totalidade" ou, em outras palavras, "de qual é o melhor meio de utilizar o conhecimento que está inicialmente disperso entre várias pessoas independentes".

Há um corpo de conhecimento disperso e desorganizado extremamente importante para a sociedade mas que, não sendo um conhecimento do tipo científico, "não pode ser transposto para dados estatísticos e que, por isso, não pode ser colocado à disposição de uma autoridade central que delibere a partir de levantamentos estatísticos".

---

[188] *Idem*, p. 161.

São os indivíduos que possuem informações a respeito desse tipo de conhecimento prático, pois estão de posse de "informações únicas sobre que tipos de usos benéficos podem ser feitos com certos recursos; usos estes que só acontecerão se a decisão de como utilizá-los for deixada nas mãos desse indivíduo ou for tomada com sua cooperação ativa".

É quase tão importante para a sociedade fazer uso desse tipo de conhecimento que depende das circunstâncias de um momento fugidio quanto fazer uso das últimas descobertas científicas. O menosprezo do qual esse conhecimento prático é alvo deve-se, em grande medida, segundo Hayek, "à pouca importância dada à questão da incerteza em si mesma". Mas é justamente a incerteza que inviabiliza o cálculo, e a inviabilidade do cálculo é o que torna inviável o planejamento.

Convém então estabelecer uma forma mais eficaz de uso dos recursos disponíveis do que deixar tal uso na dependência do conhecimento de um órgão planejador central. Essa forma mais eficaz é a própria concorrência ou o dinamismo do mercado nas suas implicações, dentre as quais o sistema de preços que, junto ao ordenamento social que dele decorre, estabiliza momentaneamente a economia até que uma nova mudança se faça sentir e que uma nova decisão econômica precise ser tomada.

Hayek explica que "os problemas econômicos surgem sempre e exclusivamente em decorrência de mudanças. Enquanto as coisas continuam exatamente como estavam antes [...] não surgirão novos problemas que exijam soluções, não havendo, portanto, necessidade de que se elabore um novo planejamento". O que provoca a mudança que, por sua vez, requer novas decisões econômicas é justamente a incerteza que o cálculo econômico precisou eliminar a fim de poder prever.

Há imprevisibilidade e, em decorrência disso, a necessidade de uma sucessão de novas interpretações e decisões econômicas que dependem do momento, das circunstâncias e das decisões tomadas por indivíduos livres. Sendo assim, "se fosse possível fazer previamente planos econômicos detalhados para períodos significativamente longos, e depois segui-los à risca, de modo que nenhuma outra decisão econômica importante fosse necessária, a tarefa de elaborar um planejamento completo para toda a atividade econômica não seria algo tão inatingível". Ocorre que tal detalhamento é impossível e consequentemente o planejamento é inviável.

Uma vez estabelecido que "o problema econômico da sociedade é basicamente uma questão de se adaptar rapidamente às mudanças das circunstâncias particulares de tempo e lugar", a necessidade de descentralização decorre naturalmente, restando evidente que "as decisões fundamentais devem ser deixadas a cargo de pessoas que estejam familiarizadas com essas circunstâncias, que possam conhecer diretamente as mudanças relevantes e os recursos imediatamente disponíveis para lidar com elas".

O processo social e o ordenamento dinâmico e espontâneo que dele deriva é, pois, muito mais complexo do que aquilo que as equações simultâneas da economia matemática conseguem abarcar. Essa complexidade deve-se, principalmente, à indeterminação intrínseca aos indivíduos livres e à incerteza de suas mútuas interações.

O caminho da servidão

Já na introdução da sua obra *O Caminho da Servidão,* Hayek afirma algo que para a intelectualidade europeia da época foi heresia e que ainda hoje causa arrepio no grosso da intelectualidade brasileira. Diz ele: "Poucos estão prontos a admitir que a ascensão do nazismo e do fascismo não foi uma reação contra as tendências socialistas do período precedente, mas o resultado necessário dessas mesmas tendências".[189]

Quando Hayek publicou *O Caminho da Servidão*, apenas uns poucos intelectuais do Ocidente tinham olhos para ver o horror totalitário

[189] Hayek, F.A. *O Caminho da Servidão.* São Paulo: Instituto Ludwig von Mises Brasil, 2010, p. 31.

que sufocava a União das Repúblicas Socialistas Soviéticas; a maior parte era conivente, ou se fazia de cega. Hoje, embora o socialismo soviético tenha sido derrubado junto com o muro de Berlim, a simpatia pelo socialismo ainda grassa, especialmente na América Latina.

Presumindo, talvez apressadamente, que o socialismo radical já estava praticamente morto no mundo ocidental, Hayek trata de alertar para o risco do socialismo mitigado que o substituiu. Segundo o ilustre economista, a despeito das louváveis finalidades, a redistribuição extensiva de renda e a atuação de um Estado previdenciário conduziria, ainda que lenta, indireta e imperfeitamente a um aumento gradual do controle governamental que, ao destruir as bases da economia de mercado, asfixiaria o poder criador de uma civilização livre e alteraria os ideais políticos e o caráter de um povo, encaminhando-o para a mentalidade coletivista que pavimenta o caminho da servidão.

A tese fundamental do livro é simples e de fácil entendimento: o risco de totalitarismo é inerente à política de planejamento econômico e, no que diz respeito às liberdades fundamentais, não há praticamente distinção entre comunismo, socialismo, nazismo ou fascismo.

O nacional-socialismo foi derrotado, mas as forças que o criaram ainda estariam entre nós: seriam as forças contrárias ao individualismo, entendido por Hayek como o eixo pelo qual se construiu a civilização ocidental.

Enquanto o socialismo pejora o individualismo sob a designação de "individualismo burguês", não apenas o autor em questão, mas os liberais, de modo geral, sabem que o individualismo não é uma determinação de classe, mas a primeira condição de liberdade. O caminho para a servidão foi, portanto, primeiro o abandono desse caminho de liberdade, ou seja, o abandono progressivo das ideias básicas sobre as quais se erguera a civilização ocidental:

> A tendência moderna ao socialismo não implica apenas um rompimento definitivo com o passado recente, mas com toda a evolução da civilização ocidental [...] estamos rapidamente abandonando não só as idéias de Cobden e Bright, de Adam Smith e Hume ou mesmo de Locke

> e Milton, mas também uma das características mais importantes da civilização ocidental que evoluiu a partir dos fundamentos lançados pelo cristianismo e pelos gregos e romanos. Renunciamos progressivamente não só ao liberalismo dos séculos XVIII e XIX, mas ao individualismo essencial que herdamos de Erasmo e Montaigne, de Cícero e Tácito, de Péricles e Tucídides.[190]

O individualismo estimado pelos liberais não é uma invenção moderna, é um aspecto fundamental do florescimento da nossa própria civilização, fortemente moldada pelos elementos culturais e espirituais da antiguidade clássica e do cristianismo.

O liberalismo, entendido como uma defesa da liberdade econômica, sucede e não antecede o exercício dessa mesma liberdade e do individualismo. Significa dizer que houve, paralelamente ao desenvolvimento do comércio, uma transformação que quebrou a rigidez da sociedade, dinamizando-a e configurando-a em ordens cada vez mais complexas que alguns teóricos compreenderam como mais benéficas do que qualquer outra ordem conscientemente planejada.

Para tais teóricos importa manter ou traçar estruturas permanentes tão racionais quanto possíveis no âmbito das quais as pessoas possam agir livremente, conduzindo suas atividades conforme seus planos e objetivos individuais. A alternativa a isso, que seria o controle centralizado da atividade econômica de acordo com um plano único, teria por consequência não apenas o totalitarismo, mas também a miséria.

O conceito de socialismo inclui não apenas os ideais de justiça social, igualdade e segurança, mas também os métodos específicos pelos quais os socialistas acreditam poder alcançar esse fim. Esses métodos passam pelo controle centralizado da atividade econômica que dirige conscientemente os recursos da sociedade para finalidades determinadas pelos próprios dirigentes. O debate acerca do

---

[190] Hayek, F.A. *O Caminho da Servidão.* São Paulo: Instituto Ludwig von Mises Brasil, 2010, p. 39.

socialismo deve, portanto, travar-se não no âmbito das finalidades, mas na explicitação do equívoco dos meios.

O socialismo só deixou de ser imediatamente reconhecido como grave ameaça à liberdade porque, como já vimos, o próprio conceito de liberdade foi reinventado. Da definição estrita e clara de ausência de coerção e de poder arbitrário sobre os homens, passou-se à formulação mais ampla segundo a qual para que o homem pudesse ser verdadeiramente livre deveriam ser atenuadas ou eliminadas as restrições econômicas que o limitavam. Percebe-se que, desse modo, o conceito de liberdade é reinterpretado como algo que está na dependência da provisão, por parte do Estado, dos meios para que os indivíduos possam alcançar seus fins.

Para Hayek, essa redefinição de liberdade torna-a sinônimo de poder ou de riqueza e a reivindicação da liberdade passa a ser a reivindicação de mais poder para o Estado para que se faça uma distribuição equitativa de riqueza ou de justiça social.

É a partir da defesa dessa "nova liberdade" que se fortalece a noção paradoxal e malsã de "socialismo democrático", essa "grande utopia das últimas gerações"[191] que, segundo o autor, "não só é irrealizável, mas o próprio esforço necessário para concretizá-lo gera algo tão inteiramente diverso que poucos dos que agora o desejam estariam dispostos a aceitar suas consequências".[192]

A organização intencional das atividades em função de um objetivo social definido, a pretensão de organizar a sociedade inteira e manipular seus recursos visando a uma finalidade única, assim como a ausência de autonomia para a realização de objetivos individuais são características dos vários gêneros de coletivismos, os quais diferem apenas pelo tipo de finalidade perseguida pelo pretensioso dirigismo.

Não há democracia no ambiente de planificação porque planejar pressupõe prever e "para que o Estado possa antever com exatidão os

---

[191] Hayek, F.A. *O Caminho da Servidão.* São Paulo: Instituto Ludwig von Mises Brasil, 2010, p. 53.

[192] *Ibidem.*

efeitos das suas decisões, não poderá deixar liberdade de escolha aos indivíduos por elas afetados".[193] O planejamento pressupõe controle e o controle leva à ditadura: "a planificação conduz à ditadura porque esta é o instrumento mais eficaz de coerção e de imposição de ideias, sendo, pois, essencial para que o planejamento em larga escala se torne possível".[194] A democracia que adota o planejamento se descaracteriza progressivamente.

O Estado de direito é um regime de direito formal, limitado à fixação de normas que criam aquela estrutura permanente de instituições e leis às quais já nos referimos. A concessão de privilégios legais a determinados indivíduos ou grupos (mesmo que sejam minoritários e supostas vítimas de uma injustiça histórica) é incompatível com o princípio liberal do Estado de direito, o qual estará fadado à destruição caso se consagre a um ideal substantivo de justiça distributiva que almeje alcançar a igualdade material entre os diferentes indivíduos.[195]

Hayek considera significativo o fato de, tanto socialistas quanto nazistas, terem protestado contra a justiça meramente formal "opondo-se a um direito que não tencionasse determinar os níveis de renda dos diferentes indivíduos e de terem sempre exigido a 'socialização do direito".[196] A desigualdade econômica, segundo o economista austríaco, é inerente ao Estado de Direito e "tudo que se pode afirmar a seu favor é que essa desigualdade não é criada intencionalmente com o objetivo de atingir este ou aquele indivíduo de modo particular".[197]

Hayek explica que não existem objetivos puramente econômicos, pois, na verdade, os objetivos dos seres racionais sempre são outros, embora sejam economicamente condicionados. Isso significa que o controle econômico não pode ser menosprezado como algo secundário, já que se trata do controle "dos meios que contribuirão para

193 *Idem*, p. 92.

194 *Idem*, p. 86.

195 *Idem*, p. 94.

196 Hayek, F.A. *O Caminho da Servidão.* São Paulo: Instituto Ludwig von Mises Brasil, 2010, p. 95.

197 *Idem*, p. 94.

a realização de todos os nossos fins".[198] Sendo assim, "quem detém o controle exclusivo dos meios também determinará a que fim nos dedicaremos, a que valores atribuiremos maior ou menor importância — em suma, determinará aquilo em que os homens deverão crer e por cuja obtenção deverão esforçar-se".[199]

Levando-se isso em consideração convém notar que "o sistema de propriedade privada é a mais importante garantia de liberdade, não só para os proprietários, mas também para os que não o são"[200], já que a divisão dos meios de produção entre muitas pessoas impede que uma única entidade detenha a posse de todos os meios de produção e, em consequência, disponha de um poder absoluto sobre nós devido à posse dos meios necessários para a consecução dos nossos fins.

É, pois, a sociedade socialista e nazista, e nunca a sociedade liberal, que apregoa a exigência de que a política domine a economia. Os liberais sabem que o poder econômico, sendo difuso e disperso, é um poder que se contrapõe ao totalitarismo do poder político que quer a economia subjugada a si.

É importante salientar que o próprio Hayek admite como "bastante justificável que o Estado auxilie na organização de um esquema abrangente de previdência social"[201] e que, em princípio, "não há incompatibilidade entre o Estado oferecer maior segurança auxiliando na organização do sistema de previdência social e a preservação da liberdade individual".[202]

O planejamento no qual o autor vê risco é aquele "que se destina a proteger indivíduos ou grupos contra a redução de suas rendas (redução que, embora imerecida, ocorre diariamente numa sociedade competitiva), contra perdas que impõem duras privações, sem .justificação moral, e que, contudo, são inseparáveis do sistema de concorrência".[203]

---

[198] *Idem*, p. 104.

[199] *Ibidem*.

[200] *Idem*, p. 115.

[201] *Idem*, p. 128.

[202] *Ibidem*.

[203] *Idem*, p. 129.

A importância da preservação de um sistema de concorrência é justamente a sua capacidade de fragmentar e descentralizar o poder, reduzindo ao mínimo a coerção sobre o indivíduo por meio da separação entre os objetivos políticos e os objetivos econômicos:

> A substituição do poder econômico pelo político, tão demandada hoje em dia, significa necessariamente a substituição de um poder sempre limitado por um outro ao qual ninguém pode escapar. Embora possa constituir um instrumento de coerção, o chamado poder econômico nunca se torna, nas mãos de particulares, um poder exclusivo ou completo, jamais se converte em poder sobre todos os aspectos da vida de outrem. No entanto, centralizado como instrumento do poder político, cria um grau de dependência que mal se distingue da escravidão.[204]

Em diversas passagens desta e de outras obras, Hayek afirma que se trata de escolher entre duas alternativas ou entre duas ordens: "ou a ordem estabelecida pela disciplina impessoal do mercado, ou a ordem comandada pelo arbítrio de alguns indivíduos"[205], sendo que o favorecimento da primeira ordem possibilitou e possibilita o progresso da civilização, enquanto a submissão à segunda ordem pavimenta o caminhão da servidão e da miséria: "a única alternativa à submissão às forças impessoais e aparentemente irracionais do mercado é a submissão ao poder também incontrolável e portanto arbitrário de outros homens".[206]

---

204 Hayek, F.A. *O Caminho da Servidão*. São Paulo: Instituto Ludwig von Mises Brasil, 2010, p. 147.

205 *Idem*, p. 189.

206 *Idem*, p. 193.

ADVERSÁRIOS À DIREITA DA TRADIÇÃO DEMOCRÁTICA LIBERAL

Vimos que um importante critério para distinguir as principais tendências políticas (esquerda, direita e tradição democrática-liberal) é a visão que se tem acerca da ordem social. A direita estaria sustentada no paradigma da ordem natural, a esquerda no da ordem artificial e a tradição democrática liberal no da ordem espontânea.[207] De fato, tal critério nos parece mais fundamental e mais bem dotado de potencial explicativo do que as tradicionais definições que ligam à direita as ideias de tradição, hierarquia ou desigualdade e à esquerda as ideias de emancipação e igualdade. Na verdade, tais distinções têm sentido, mas elas mesmas encontram sua justificação no critério acima referido.

Sendo a tradição democrática liberal aquela que evolui ora na centro esquerda ora na centro-direita, compreende-se que os extremos de tais tendências são para ela uma ameaça. Um ponto comum entre esses extremos, além da aversão pelas instituições e valores democráticos, é o estatismo ou o caráter antiliberal: ambos querem usar o Estado para seus próprios fins.

Uma das importantes raízes filosóficas desse estatismo pode ser encontrada no filósofo Hegel (1770-1831). A linhagem do hegelianismo de esquerda é mais conhecida, porque deu em Karl Marx, enquanto

[207] NEMO, Philippe. *Histoire des Idées Politiques aux Temps Moderne et Contemporains*, p. 16.

a linhagem do hegelianismo de direita tem sido mais negligenciada. Mas aos liberais cabe a crítica de ambas. Já tivemos a oportunidade de pontuar as ideias rousseaunianas de vontade geral e o racionalismo exacerbado do iluminismo francês como as fontes teóricas do jacobinismo e como gênese das ameaças autoritárias à esquerda. Cumpre-nos agora pontuar alguns aspectos das ameaças autoritárias à direita.

Direita reacionária e tradicionalista

A sociedade do *Ancien Régime* era estamental, ou seja, era dividida em estamentos sociais imutáveis nos quais havia a garantia de privilégios. Essa velha ordem, caracterizada, segundo Rothbard, "pela exploração, pela estagnação, pelas castas estanques, pela desesperança e pela fome para a maior parte do povo"[208] teria sido e ainda é "o grande e poderoso inimigo da liberdade".[209] A Revolução Francesa, portanto, ao reivindicar uma sociedade livre, igual e fraterna, foi saudada pelos pensadores da tradição democrática liberal que viam nela — pelo menos até a época da radicalização jacobina — um fenômeno que corroborava as tendências tanto do civismo antigo quando dos ensinamentos cristãos.[210]

Por outro lado, havia construções teóricas que a recusavam peremptoriamente, sendo tais narrativas reacionárias concebidas geralmente sob a pressuposição da existência de uma "estrutura ontológica e cósmica objetiva"[211] que justificava as estratificações sociais como indispensáveis ao funcionamento do Estado e a desigualdade como essencial à ordem social.

---

[208] ROTHBARD. H, Murray. *Esquerda e Direita: Perspectivas para a liberdade.* São Paulo: LVM Editora, 2019, p. 37.

[209] *Idem*, p. 38.

[210] NEMO, Philippe. *Histoire des Idées Politiques aux Temps Moderne et Contemporains*, p. 1015.

[211] *Idem*, p. 1016.

Se, para os pré-socialistas, a sociedade deveria tornar-se totalmente igualitária e, para os teóricos da tradição democrática-liberal, as distinções sociais só poderiam decorrer do mérito e das funções políticas ou econômicas, não do nascimento, a direita aparece quando surge o paradoxal discurso de *reação* que "reivindica um retorno voluntário, artificial, a uma situação que é apresentada, no entanto, como natural ou providencial, que deveria durar eternamente, sem explicar como dela se foi capaz de desviar".[212]

As bases dessa doutrina da Contrarrevolução, que recusava o modelo nascente das democracias liberais, foram postas principalmente por Louis de Bonald e Joseph de Maistre, chamados teocratas "devido à sua insistência sobre o fundamento religioso da ordem social."[213] Na visão de tais teóricos, a revolução era uma ruptura da ordem natural e a restauração, seu retorno a ela. É assim que pensa a chamada *direita tradicionalista,* que surge com uma perspectiva ultramonarquista, fazendo inclusive oposição ao rei Louis XVIII por ter aceitado uma monarquia constitucional na qual as prerrogativas reais eram substancialmente reduzidas pela nova constituição francesa e insurgindo-se principalmente contra o seu artigo 6 que reconhecia a liberdade de culto.[214]

Os homens da direita tradicionalista francesa acreditavam, portanto, que a França deveria voltar a ser totalmente monarquista e católica, tal como profetizava Joseph de Maistre. Eles consideravam o mundo moderno como uma anomalia, uma queda ou um desvio da ordem natural e providencial.[215]

De um modo geral, as doutrinas de direita tendem a apresentar a sociedade como sendo diferenciada e hierárquica e costumam dar importância às teorias que oferecem uma justificativa para tais aspectos inigualitários. Os mitos de origem costumam ter importância

---

212 *Idem*, p. 1017.

213 *Idem*, p. 1018.

214 *Idem*, p. 1083.

215 *Ibidem.*

para a direita por fomentar o nacionalismo ao forjarem as identidades coletivas. Na Espanha, a nobreza se gabava de ser descendente dos visigodos, na França, dos Francos, mas, sem dúvida, o caso do nacionalismo alemão é *sui generi,* tendo tomado uma forma mais elaborada e mais radical.[216]

A extrema direita

Como afirma Jeffrey A. Tucker no livro *Coletivismo de Direita: A Outra Ameaça à Liberdade,* "o que aconteceu na Alemanha foi uma ampliação e intensificação das mesmas ideias essenciais que eram pregadas nas salas de aula de Yale, Harvard e Princeton nas décadas anteriores".[217] O autor se refere aí à eugenia, que descreve como "ciência política de se criar uma raça superior"[218], teoria sem a qual, afirma o autor, "não é possível entender completamente o nascimento do Leviatã do século XX".[219] Para traçar a pré-história da extrema direita, Tucker elenca alguns autores e as linhas gerais daquilo que defendiam:

- Hegel, na sua obra *Princípios da Filosofia do Direito* (1820) discorre sobre as implicações políticas do seu idealismo dialético que se afasta drasticamente da tradição liberal e chega a afirmar que "O Estado é a marcha de Deus na terra." A partir de Hegel se bifurcam as tendências estatistas e/ou totalitárias com o hegelianismo de esquerda e o hegelianismo de direita;[220]

[216] NEMO, Philippe. *Histoire des Idées Politiques aux Temps Moderne et Contemporains*, p. 1227.

[217] TUCKER, Jeffrey. *Coletivismo de Direita: Outra Ameaça à Liberdade.* São Paulo: LVM Editora, 2019, p. 123.

[218] *Idem*, p. 123.

[219] *Idem*, p. 124.

[220] *Idem*, p. 172.

- Thomas Carlyle, cuja obra *Sobre Heróis, o Culto ao Herói e o Heroico na História* (1841), popularizou a teoria segundo a qual a história depende de grandes homens poderosos e mudanças épicas por eles provocadas. Carlyle, esclarece Jeffrey Tucker, "era defensor da escravidão e oponente do liberalismo; era crítico da ascensão da vida mercantil, elogiava Oliver Cromwell (1599-1658), Jean-Jacques Rousseau (1712-1778) e Napoleão Bonaparte (1769-1821)".[221] Já seus alvos eram "Adam Smith e o iluminismo escocês em geral";[222]
- Charles Darwin também teria extrapolado na interpretação da sua teoria da evolução adentrando no campo da análise sociológica com teorias, interpretações e sugestões nefastas, principalmente na obra *A Descendência do Homem e Seleção em Relação ao Sexo* (1871) em cujas passagens os eugenistas encontraram alguns reforços para a sua absurda ideia de "elaborar planos demográficos para evitar uma terrível decadência biológica que levaria à degeneração humana".[223]
- Os outros pensadores mapeados por Tucker são Fichte, Ruskin, Chamberlain, Gentile, Eliot, Evola etc.

O nacionalismo alemão

Diferentemente da direita francesa, por exemplo, que se apoiava em uma noção clássica aristotélico-tomista de natureza, compatível tanto com a teologia quanto com o direito, o nacionalismo alemão construiu uma noção de natureza pseudocientífica, racista e pagã, que servirá de base para o nazismo.[224] Tais noções, que iam claramente

---

[221] *Idem*, p. 173.

[222] *Ibidem*.

[223] TUCKER, Jeffrey. *Coletivismo de Direita: Outra Ameaça à Liberdade*, p. 175.

[224] NEMO, Philippe. *Histoire des Idées Politiques aux Temps Moderne et Contemporains*, p. 1226.

na contramão dos ideais universalistas cristãos ou humanistas, foram justificadas, no século XIX, tanto por algumas filosofias quanto pelas ciências sociais e biológicas nascentes.[225]

A identidade alemã nasce pelo sentimento de unidade dos antigos clãs ou tribos germânicas que se definiam como sendo todos aqueles que não falavam o latim, o qual desprezavam. A língua alemã é tida como uma língua original *(Ursprache)* "que, diferentemente do francês ou inglês, não se compõe de pedaços. O alemão seria então uma língua pura. À obsessão pela pureza se juntava a reivindicação de uma hegemonia, e a valorização do passado pré-romano e pré-cristão".[226]

Antes do século XX, o sentimento de identidade alemã já se expressava de modo muitas vezes virulento. Um dos textos-chave dessa tendência de nacionalismo exacerbado é o *Discurso à Nação Alemã,* pronunciado em 1801 por Fichte, um dos filósofos representantes do idealismo alemão que, assim como Hegel, tornou-se "um adversário resoluto da tradição democrática e liberal".[227]

Segundo Philippe Nemo, Fichte "concebe um tipo de versão prussiana do jacobinismo." A economia e a educação são controladas pelo Estado e essa educação é um verdadeiro programa político. No referido discurso, Fichte defende uma educação anti-individualista, menos intelectual e mais moral, verdadeiramente nacional que deverá subordinar "a regras fixas e seguras as tendências vitais dos elementos, imprimindo em suas vidas uma orientação definitiva".[228]

Fichte critica a educação francesa pelo seu aspecto individualista e considera um erro reconhecer o aluno como alguém dotado de livre-arbítrio a quem se deve fornecer conhecimento e conselho a fim de que deles faça bom uso. A nova educação pregada por Fichte "deverá,

---

[225] *Idem*, p. 1227.

[226] *Idem*, p. 1229.

[227] *Idem*, p. 1233.

[228] FICHTE. *Discurso à Nação Alemã. Apud* NEMO, Philipe. *Histoire des Idées Politiques aux Temps Moderne et Contemporains*, p. 1235.

ao contrário, se aplicar em destruir totalmente a livre vontade e a educar a vontade no sentido de uma rigorosa submissão à necessidade".[229]

O filósofo exorta a que se formem "os homens de tal maneira que ele não possa querer outra coisa além daquilo que se quer que eles queiram".[230] Para ele, os alemães teriam acessado o verdadeiro cristianismo e a verdadeira filosofia, o que lhes permitia educar o homem perfeito com o qual se edificaria o Estado perfeito.

Sendo a Alemanha, em princípio, um país cristão, a influência das tendências nacionalistas será tão forte que, na época do nacional-socialismo, dar-se-á "o abandono puro e simples do cristianismo em favor de um neo-paganismo chamado 'fé alemã'".[231]

Em certo sentido, a ideologia nacional-socialista é um prolongamento do nacionalismo alemão dos séculos anteriores, acrescido de um racismo mostruoso e de uma perspectiva política anticapitalista e antiliberal, com política externa voltada para a guerra e a conquista.[232]

As obras que fundamentaram essa perversa visão de mundo foram, principalmente, *Mein Kampf*, de Adolf Hitler, e *O Mito do Século XX*, de Alfred Rosenberg. A primeira obra desenha o mal que efetivamente se concretizará na política interna e externa do Terceiro Reich e a segunda dá ao mal uma sustentação mais erudita e supostamente científica.

Trata-se de uma doutrina que rejeita tanto o individualismo quanto o universalismo que serviu de base para o direito clássico. Esse corpo de doutrina que só reconhece o direito de raça expandiu-se rapidamente tanto por meio de seus propagandistas oficiais, como Rosenberg e Goebbels, quanto por meio da obsessão dos membros da SS. Para eles, o povo alemão era superior, deveria permanecer puro,

---

229 *Idem*, p. 1235.

230 *Ibidem*.

231 FICHTE. *Discurso à Nação Alemã*, p. 1256.

232 NEMO, Philippe. *Histoire des Idées Politiques aux Temps Moderne et Contemporains*, p. 1259.

obter espaço vital, subjugar as populações servis e eliminar aquelas que julgavam indignas de sobrevivência.

Tratava-se, como se pode notar, da tentativa de criar ou de impor um tipo de sociedade tribal, baseada em laços de sangue e raça, aspecto regressivo que tornava a performance da monstruosidade nazista incapaz de acompanhar "o progresso científico, tecnológico e econômico que só é acessível às sociedades que adotaram as fórmulas do pluralismo crítico, do direito e do mercado"[233], o que contribui para que fosse, juntamente com o fascismo italiano, derrotado "pela coalizão das sociedade que permaneceram fiéis à civilização".[234]

Fascismo italiano, Ur-fascismo e nebulosa fascista

Se o nacional-socialismo alemão apresentava uma grande coerência entre suas doutrinas com suas teorias raciais fundamentadas em uma antropologia radicalmente anticristã, aliada a uma rejeição não apenas das instituições democráticas e liberais, mas da própria civilização ocidental[235], o fascismo italiano, segundo Umberto Eco, "não tinha uma filosofia própria".[236]

Em célebre discurso proferido em abril de 1995 na Universidade de Columbia, numa celebração da liberação da Europa, Umberto Eco explica que, embora o artigo sobre fascismo assinado por Mussolini para a enciclopédia Treccani tenha sido inspirado em uma noção hegeliana de Estado ético absoluto desenvolvida por Giovanni Gentile, o ditador italiano não tinha qualquer filosofia, mas apenas uma retórica.

---

233 *Idem*, p. 1302.

234 *Ibidem.*

235 *Ibidem.*

236 ECO, Umberto. Discurso original proferido em abril de 1995 para uma conferência na Universidade Columbia, em uma celebração da liberação da Europa. "O Fascismo Eterno". *In:* ______. *Cinco Escritos Morais*. Tradução: Eliana Aguiar. Rio de Janeiro: Editora Record, 2002.

Justamente devido a essa ausência de substrato teórico, o fascismo ter-se-ia tornado uma sinédoque, ou seja, uma figura de linguagem que amplia ou reduz o sentido de um termo:

> O nazismo é fundamentalmente pagão, politeísta e anticristão ou não é nazismo. Ao contrário, pode-se jogar com o fascismo de muitas maneiras, e o nome do jogo não muda. É possível eliminar de um regime fascista um ou mais aspectos e ele continuará a ser reconhecido como fascista.

Desprovido de uma ideologia monolítica, continua Eco, o fascismo era uma colagem de diversas ideias políticas e filosóficas, uma colmeia de contradições, uma confusão desprovida de bases filosóficas, mas estruturada, do ponto de vista emocional, em alguns arquétipos que inspiravam uma liturgia militar, um modo peculiar de vestir-se e um folclore. Era, segundo Umberto eco, um "totalitarismo fuzzy".

Com base nessas constatações, Eco afirma que, embora não seja o caso de estar se dando o retorno de governos totalitários tais os que dominaram a Europa antes da segunda guerra mundial e que seja bastante improvável o ressurgimento de algo como o nazismo ou o fascismo na sua forma original, enquanto força capaz de mobilizar uma nação inteira, tem-se ainda, por trás do regime e ideologia já deslegitimado, a permanência de certo "modo de pensar e sentir, uma série de hábitos culturais, uma nebulosa de instintos obscuros e de pulsões insondáveis" que seria um outro fantasma a rondar não apenas a Europa, mas também outras partes do mundo. É o que ele chama de *nebulosa fascista,* que se forma desde que se apresente pelo menos uma das características daquilo que ele chama de Fascismo eterno. Segundo Umberto Eco, as características do "Ur-fascismo" são as seguintes:

- Culto à tradição/tradicionalismo: a verdade já foi anunciada de uma vez por todas e só podemos continuar a interpretar a sua obscura mensagem. Não pode existir avanço no saber;

- O tradicionalismo implica recusa à modernidade: a recusa do mundo moderno é camuflada como condenação do modo de vida capitalista, mas refere-se principalmente ao iluminismo; a idade da razão é vista como o início da depravação moderna; irracionalismo;
- O irracionalismo depende do culto da ação pela ação: a ação é bela em si e deve ser realizada sem reflexão; pensar é uma forma de castração; a cultura é suspeita na medida em que é identificada com atitudes críticas; acusações contra a cultura moderna e a inteligência liberal de abandono dos valores tradicionais; suspeita em relação ao mundo intelectual;
- Não aceita críticas: o espírito crítico opera distinções e distinguir é sinal de modernidade; na cultuar moderna, a comunidade científica percebe o desacordo como instrumento de avanço do conhecimento, mas no ur-fascismo, o desacordo é traição;
- O desacordo é sinal de diversidade: o ur-fascismo cresce e busca consenso exacerbando o natural medo da diferença; o primeiro apelo de um movimento que está se tornando fascista é contra intrusos;
- Frustração individual ou social: apelo às classes médias frustradas, desvalorizadas por alguma crise econômica ou humilhação política, assustada pela pressão de grupos sociais subalternos;
- Nacionalismo: obsessão do complô, de preferência internacional (identidade da nação resgatadas pelo inimigo externo);
- Os adeptos sentem-se humilhados pela riqueza ostensiva e pela força do inimigo, mas estão convencidos de que podem derrotar o inimigo;
- Não há luta pela vida, mas vida para a luta; a vida é uma guerra permanente e o pacificismo é conluio com o inimigo;
- Desprezo pelos fracos;
- Culto do heroísmo ligado ao culto da morte;
- Transferência da vontade de poder para as questões sexuais (machismo, desdém pelas mulheres, condenação intolerante de hábitos sexuais não conformistas);

- Populismo qualitativo: o povo é concebido como uma entidade monolítica que exprime a vontade comum; como nenhuma quantidade de seres humanos pode ter uma "vontade comum", o líder apresenta-se como seu intérprete; o apelo populista põe em dúvida a legitimidade do parlamento por não representar mais a voz do povo: "Eu poderia ter transformado esta assembleia surda e cinza em um acampamento para meus regimentos" (Mussolini no parlamento italiano);
- Léxico pobre, sintaxe elementar com o fim de limitar os instrumentos para um raciocínio complexo e crítico.

Após elencar essas quatorzecaracterísticas, o ilustre escritor italiano conclui:

> O ur-fascismo ainda está ao nosso redor, às vezes em trajes civis. Seria muito confortável para nós se alguém surgisse na boca da cena do mundo para dizer: 'quero reabrir Auschwitz, quero que os camisas negras desfilem outra vez pelas praças italianas!' Ai de mim, a vida não é fácil assim! O ur-fascismo pode voltar sob as vestes mais inocentes. Nosso dever é desmascará-lo e apontar o indicador para cada uma de suas novas formas — a cada dia, em cada lugar do mundo.[237]

[237] ECO, Umberto. O *Fascismo Eterno.*

ESQUERDA E DIREITA: PERSPECTIVAS PARA A LIBERDADE (RESENHA)

Em 1965 Murray Rothbard fundou a revista *Left and Right,* defendendo no seu primeiro editorial, "Esquerda e Direita, Perspectivas para a Liberdade", a tese de que a identificação dos libertários com o espectro político da direita era equivocado, incompatível com a trajetória das lutas liberais, inseridas, segundo ele, na tradição radical da esperança e da liberdade, da luta contra o *status quo,* contra a velha ordem que "quer tenha assumido a forma do feudalismo ou do despotismo oriental, caracterizou-se pela tirania, pela exploração, pela estagnação, pelas castas estanques, pela desesperança e pela fome para a maior parte do povo".[238]

Para Rothbard, essa velha ordem foi e ainda é "o grande e poderoso inimigo da liberdade"[239], tendo sido fortemente abalada pelo liberalismo que "trouxe para o Ocidente não apenas a liberdade, a perspectiva da paz e os padrões de vida ascendentes de uma sociedade industrial, mas, talvez, acima de tudo, a esperança num progresso cada vez maior, que tirou a maior parte da humanidade de sua imemorial fossa de estagnação e desesperança".[240]

---

[238] ROTHBARD. H, Murray *Esquerda e Direita: Perspectivas para a Liberdade.* p. 37.

[239] *Idem*, p. 38.

[240] *Idem*, p. 40.

No texto em questão, Rothbard concebe o conservantismo sob o pano de fundo do *Ancien Régime.* Diante do fenômeno revolucionário, diz ele, a Europa dividiu-se em duas grandes ideologias políticas, de um lado o liberalismo, surgido "da esperança, do radicalismo, da liberdade, da Revolução Industrial, do progresso, da humanidade"[241] e de outro lado o conservantismo, "o partido da reação, o partido que almejava restaurar a hierarquia, o estatismo, a servidão, a exploração de classe próprio da velha ordem".[242]

É importante destacar que se trata aqui de um olhar pouco nuançado, que identifica esse espectro político com um mero reacionarismo, sem considerar, por exemplo, a inflexão ou originalidade do conservadorismo moderno que, sob a influência de Edmund Burke, dialoga bem como o liberalismo e que, na verdade, insere-se na própria tradição do liberalismo clássico, mais influenciado pela tradição clássica, pelo empirismo britânico e pelo iluminismo escocês que pelo iluminismo francês e seu racionalismo radical que acabou levando a Revolução francesa para o período nefasto do Terror jacobino.

Identificando a direita com esse conservadorismo reacionário, Rothbard afirma que o lugar dos libertários, se fosse considerado seus princípios e suas históricas lutas, deveria ser a esquerda, a oposição ao *status quo,* aos privilégios e despotismos que privavam a massa de liberdade e participação política efetiva. Ocorre que, após as revoluções, e ao longo de todo o século XIX, houve um declínio do liberalismo, cujas causas teriam sido, segundo o autor, o "abandono da teoria dos direitos naturais e da lei maior em favor do utilitarismo"[243] e a influência do evolucionismo e do darwinismo social. A partir daí, o liberalismo perde sua força e seu protagonismo como movimento de esperança no mundo ocidental e o socialismo insere-se nessa brecha na "luta contra o Estado e contra os remanescentes ainda intactos da Velha Ordem".[244]

---

241 *Idem*, p. 42.

242 *Ibidem.*

243 *Idem*, p. 44.

244 *Ibidem.*

Tanto os conservadores quanto os socialistas acostaram-se ao Estado, acomodando-se ao *status quo* em favor dos próprios interesses. Os socialistas, apesar de defenderem o fim do Estado após a revolução, tornaram-se presa de um paradoxo ao rejeitarem a sociedade privada: "se o Estado deve desaparecer após a revolução (de imediato, para Bakunin, por um definhamento gradual, segundo Marx) como poderá então o coletivo gerir sua propriedade sem que ele próprio se transforme num gigantesco Estado de fato, ainda que não nominalmente?"[245]

Diante da insolúvel aporia, a maioria dos socialistas, explica Rothbard, abandonou as ideias de definhamento do Estado, conciliando-se com ele, com o *status quo* e com toda a sua aparelhagem. Já o conservadorismo converteu-se, segundo ele, em "um regime de estatismo caracterizado pela cessão pelo Estado de privilégios de monopólio (sob formas diretas e indiretas) a capitalistas protegidos e a proprietários de terras quase feudais".[246] Se levarmos em consideração os extremos dessas duas perspectivas, da esquerda e da direita, teremos o comunismo e o fascismo como movimento semelhantes no caráter antiliberal, estatista e coletivista, mas diferentes em relação ao conteúdo socioeconômico:

> O comunismo constituiu um movimento revolucionário genuíno, que desalojou e destronou de modo implacável as elites dominantes estabelecidas, ao passo que o fascismo, ao contrário, consolidou no poder as classes dominantes tradicionais. O fascismo foi, portanto, um movimento contrarrevolucionário, que cristalizou um conjunto de privilégios de monopólio sobre a sociedade; em suma, representou a apoteose do moderno capitalismo monopolista de Estado e foi por essas razões que se provou tão atraente aos grandes interesses empresariais do Ocidente.[247]

---

[245] ROTHBARD. H, Murray *Esquerda e Direita: Perspectivas para a Liberdade*, p. 50.

[246] *Idem*, p. 54.

[247] *Idem*, p. 60.

Ao buscar os responsáveis pelo recuo do livre mercado nos Estados Unidos, Rothbard foge à interpretação mais comum e o atribui não a militantes socialistas, mas ao "interesse dos grandes empresários na proteção estatal contra o laissez-faire"[248]. Nessa linha de raciocínio segue a sua interpretação sobre o *New Deal,* descrito por ele como um fascismo à americana:

> Esse programa, com sua concessão de privilégios a vários grandes grupos empresariais no auge da empreitada coletivista não foi, em nenhum sentido, um socialismo ou um esquerdismo; nada havia nele que lembrasse de longe o igualitário ou o proletário. Não, o parentesco desse coletivismo florescente não era de modo algum com o socialismo--comunismo; era, sim, com o fascismo [...] parentesco que muitos grandes empresários da década de 1920 expressaram abertamente em seu anseio pela substituição de um sistema de quase *laissez faire* por um coletivismo que teriam condições de controlar. [...] Quando o *New Deal* é despido de sua camuflagem progressista, social-reformista, o que fica é a realidade do novo modelo fascista de sistema de capitalismo de Estado concentrado e servidão industrial[249].

Para Rothbard, portanto, o *New Deal* foi uma extensão da teia de privilégios concedidos pelo Estado: a estabilização e a perpetuação do poder econômico dos grandes grupos empresariais, não em favor do bem público, mas em detrimento dele. O bem comum, afinal, na maioria das vezes, é apenas pretexto. O monopólio, explica o economista, não pode resultar de operações do mercado livre, que rapidamente o dissolve na competição aberta. Na verdade, é o Estado que o cria e mantém.[250]

A intervenção do governo, portanto, não significa necessariamente esquerdismo nem oposição aos interesses da grande empresa.

---

[248] *Idem*, p. 61-62.

[249] *Idem*, p. 20.

[250] *Idem*, p. 66.

Determinadas normas baixadas sob setores como seguros, bancos, exportação e área empresarial de modo geral muitas vezes são concebidas e propostas por grandes empresários, obviamente em seus próprios interesses, consolidando subsídios e estabilizando a concessão de privilégios. É a nefasta síntese de negócios e política por meio da qual a grande empresa granjeia apoio dos vários órgãos reguladores e do executivo[251] enquanto a pequena empresa é sufocada e impedida de se desenvolver.

Apesar do sombrio diagnóstico, bastante adaptável e pertinente, diga-se de passagem, à realidade brasileira atual, Murray Rothbard é um otimista e defende o otimismo como característica distintiva do libertário:

> O panorama ilumina-se de imediato quando nos damos conta de que o requisito indispensável à civilização moderna — a derrocada da velha ordem — foi levado à cabo pela ação libertária das massas, irrompendo no Ocidente em revoluções tão grandiosas quanto a francesa e a norte-americana, provocando as glórias da Revolução Industrial e os avanços da liberdade, da mobilidade e os padrões de vida ascendentes que até hoje conservamos. Apesar das oscilações reacionárias no sentido de retorno ao estatismo, o mundo mantém-se num plano muito superior ao do mundo passado. Quando consideramos também que, de uma maneira ou de outra, a Velha Ordem do despotismo, do feudalismo, da teocracia, e do militarismo dominou todas as civilizações humanas até a civilização ocidental do século XVIII, o otimismo quanto ao que o homem conquistou e pode conquistar deve tornar-se ainda maior.[252]

---

[251] *Idem*, p. 1.

[252] ROTHBARD. H, Murray *Esquerda e Direita: Perspectivas para a Liberdade*. p. 88.

NORMAS DA LIBERDADE: UMA BASE PERFECCIONISTA PARA UMA POLÍTICA NÃO PERFECCIONISTA (RESENHA)

Introdução

Um dos paradoxos enfrentados pelo liberalismo é a dificuldade para justificá-lo enquanto organização política, uma vez que faz parte dos seus princípios a negação da legitimidade da imposição de valores à sociedade pelo poder político. O livro *Normas da Liberdade: Uma Base Perfeccionista para uma Política Não Perfeccionista*[253], dos professores Douglas B. Rasmussen e Douglas J. Den Uyl vai buscar em uma interpretação da Ética de Aristóteles a solução dessa dificuldade.

Resgatando e atualizando o realismo moderado de Aristóteles, os autores defendem a tese de que "a atividade de gerir a sociedade politicamente organizada não deve ser confundida com a edificação moral dos indivíduos" e que é na ética perfeccionista do tipo aristotélica que se pode encontrar um fundamento adequado para uma doutrina política não perfeccionista, como a liberal.

Os autores defendem o liberalismo fazendo uma conexão com uma tradição ética da Filosofia Antiga e propõem teses como a defesa do caráter naturalmente social do homem (tese aristotélica), a rejeição do

[253] RASMUSSEN, D.; UYL, D. *Normas da Liberdade: Uma Base Perfeccionista para uma Política Não Perfeccionista*. Tradução: Viviane Moreira. Rio de Janeiros: TopBooks Ed., 2011.

relativismo ético, o resgate da sabedoria prática (*phronesis*) e a crítica ao universalismo abstrato do racionalismo ético.

Argumentam os autores que o liberalismo clássico pode ser mais bem compreendido e melhor defendido à luz de uma ética de inspiração aristotélica que enfatiza a dimensão do florescimento humano (termo para a perfeição e atividade virtuosa) como algo real, altamente individualizado, mas também profundamente social. O problema do liberalismo seria de ordem político-jurídica e estaria relacionado à busca de princípios metanormativos capazes de assegurar o pluralismo das formas de florescimento humano e de integrar essa diversidade, sendo a proteção da possibilidade de autodireção assentada nos princípios básicos do liberalismo (direito à vida, liberdade e propriedade) o objetivo máximo da ordem político-jurídica.

Liberalismo em crise

Há três tipos principais de críticas ao liberalismo: as que o relacionam ao suposto fracasso do iluminismo (uma vez que o liberalismo é expressão política dos princípios dele derivados), as que defendem a primazia dos direitos sociais sobre os direitos individuais (as críticas de viés comunitarista) e as críticas de fonte conservadora. Embora essas três formas de crítica partilhem a rejeição ao liberalismo por seu suposto atomismo, instrumentalismo, individualismo, neutralismo, subjetivismo, ceticismo e que tais, as fontes das críticas ou ataques são diferentes.[254]

A partir dessas três vertentes críticas, amplificam-se as forças contrárias ao liberalismo no campo da Ética e da Filosofia Política e o avanço do comunitarismo dá-se conjuntamente ao questionamento da legitimidade da ordem liberal, segundo a qual as pessoas

[254] RASMUSSEN, D.; UYL, D. *Normas da Liberdade: Uma Base Perfeccionista para uma Política Não Perfeccionista*. Tradução: Viviane Moreira. Rio de Janeiros: TopBooks Ed., 2011, p. 29.

devem ser livres para buscar suas próprias concepções de vida boa, devendo a ordem político-jurídica se limitar a proteger os indivíduos nessa busca.

Os autores explicam ainda o que entendem por "paradoxo estrutural do liberalismo": seria o fato de ele carecer de uma estrutura profunda e insistir em buscar esse fundamento em si mesmo, sem sair de seus próprios quadros de referência, sem incorporar tradições que poderiam lhe servir de base. Tendo pouco a oferecer no campo da ética "além de variações sobre o tema da tolerância ou cooperação", o liberalismo acabaria encorajando "as compreensões muito estreitas, instrumentais e minimalistas de valor e vida ética de que é acusado".[255]

O minimalismo ético e o ceticismo têm sido importados para defender o liberalismo: quanto menos pudermos dizer sobre o que é o bem, por exemplo, mais fácil será argumentar que as pessoas devem ser deixadas em paz para encontrar sua própria concepção de bem. Segundo Rasmussen e Uyl, por mais atraente que essa abordagem possa parecer, seu efeito é entregar a preocupação com a ética aos oponentes do liberalismo.

Eles defendem a tese de que o liberalismo precisa se enriquecer com tradições intelectuais além das que levaram a ele e que a política do liberalismo pode ser mais bem sustentada por um arcabouço da ética antiga, que se caracteriza pela centralidade da virtude e das noções de "florescimento" e "autoperfeição". A ideia seria apresentar o liberalismo como uma política moderna baseada em uma ética antiga ou, em outras palavras, apresentar uma base (ética) perfeccionista para uma política não perfeccionista. A defesa do liberalismo, portanto, não estaria atrelada ao minimalismo e ao ceticismo morais. O que se propõe é uma distinção entre princípios normativos e metanormativos, estando estes últimos mais diretamente ligados à política.

Não cabe ao político promover ou assegurar a moral. Enquanto esquerda e direita fomentam valores morais por meio da agenda

---

[255] *Idem*, p. 37.

política, o liberalismo não aceita o gerenciamento da conduta moral como sendo função legítima da política.[256] Ao invés de considerar a política a institucionalização efetiva do que é ético, a singularidade do liberalismo como teoria política repousa no afastamento que promove entre a moralidade substantiva e a política: "a arte de governar não é a de forjar caráter; a política não se presta a tornar os homens morais.[257]"

Uma das características do liberalismo em particular e da política moderna de um modo geral é a descrença na eficácia da exortação à conduta apropriada e a consequente ênfase no melhoramento das instituições. Os pensadores políticos modernos tratam do homem como ele é e não como deve ser; eles diminuem a distância entre o prescritivo (as normas que devem ser seguidas) e o descritivo (o que na realidade descreve as disposições humanas) a fim de que os princípios funcionem. Dessa forma, o liberalismo firma-se como o oposto do utopismo, orgulhando-se de propor soluções viáveis para os problemas sociais, baseando-se em uma noção realista do que é o homem e do que o motiva.

Ocorre que nessa concepção liberal, "os seres humanos são percebidos por esse modelo como se não tivessem nenhum *summum bonum,* como se não perseguissem fins naturais e, consequentemente, como se não pudessem ser descritos como sujeitos a um bem independente dos desejos dos atores individuais nesse estado de natureza".[258]

Se não se pode, porém, conceber o que seja bem, tampouco é possível justificar porque os regimes liberais são melhores que os outros regimes e porque deveriam ser defendidos: "As ordens liberais querem ser vistas como possuindo uma base moral ao menos equivalente, senão superior, a qualquer outro regime. Mas até que ponto isso pode ser estabelecido na ausência da exortação moral tradicional e de

---

[256] RASMUSSEN, D.; UYL, D. *Normas da Liberdade: Uma Base Perfeccionista para uma Política Não Perfeccionista.* Tradução: Viviane Moreira. Rio de Janeiros: TopBooks Ed., 2011, p. 42.

[257] *Idem*, p. 43.

[258] *Idem*, p. 49.

uma concepção de bem?"[259] Eis o paradoxo que decorre do empobrecimento moral do liberalismo: "se o bem é intratável, não está claro o que se quer dizer com a alegação de que os regimes liberais podem, afinal de contas, ser defendidos no terreno da ética".[260]

O bem e o direito

A tendência geral do liberalismo tem sido considerar o bem como pertencente à esfera privada, reduzido ao objeto de desejo e interesse de cada um, enquanto o direito seria universalizado. Fala-se confortavelmente em "direitos do homem", mas não em "bem do homem".[261] A distinção entre bem e direito possibilita passar ao universal mantendo, ao mesmo tempo, a legitimidade dos interesses, desejos e objetivos individuais.[262] O problema porém se mantém: qual dos dois deve ter prevalência, o direito (universal) ou o bem (singular)? Será que "as regras que devem reger a ordem social (o direito) devem ser produto da interação autointeressada dos indivíduos (o bem)?"[263] ou alguma outra coisa terá que servir de padrão de avaliação?

A abordagem crítica dos autores vai no sentido de alertar para o fato de que a despeito da retórica individualista, o liberalismo dá pouco ou nenhum destaque moral ao bem individual, uma vez que este se torna quase irrelevante diante das tendências liberais universalistas e abstratas:

> O problema de separar o bem do direito é que o conteúdo ético particularizado é crescentemente sacrificado em nome de normas abstratas

---

[259] *Idem*, p. 48.
[260] *Idem*, p. 50.
[261] *Idem*, p. 51.
[262] RASMUSSEN, D.; UYL, D. *Normas da Liberdade: Uma Base Perfeccionista para uma Política Não Perfeccionista*. Tradução: Viviane Moreira. Rio de Janeiros: TopBooks Ed., 2011, p. 52.
[263] *Idem*, p. 52.

> e universalizadas. Consequentemente, o indivíduo, visto de forma tão central para o liberalismo, torna-se eticamente irrelevante.[264]

Com base em tais constatações Douglas B. Rasmussen e Douglas J. Den Uyl avançam a seguinte tese: "o liberalismo está certo em ignorar o individual para ter uma perspectiva universal", desde que abra mão "de toda pretensão de ser uma ética".[265] É preciso desapegar-se "da ideia de que a política é a ética expressa de uma forma mais clara e mais forte. Princípios políticos não são prescrições éticas comuns ampliadas. Acreditar nisso tem por efeito "socializar a ética, ou seja, dar ao indivíduo pouca ou nenhuma importância ética".[266]

Embora Hume, Adam Smith e Kant tenham tido o cuidado de separar as virtudes ou deveres que dizem respeito a si próprio (*self-regarding*) das que concernem ao social (que dizem respeito ao outro), o valor de tais virtudes é determinado por sua contribuição à cooperação social".[267] A proposta dos autores, porém, é resgatar um tipo de ética no qual "o indivíduo tem valor primário e o florescimento (o bem) do indivíduo é o objetivo básico".[268] Em outras palavras, a noção ética adequada ao liberalismo seria a de autoperfeição e não a de cooperação.[269]

A ambivalência e a tensão entre liberalismo e ética resultaria da incapacidade de pensadores liberais apreenderem a verdadeira singularidade do liberalismo. Ao se vincularem à tradição política devotada à busca da melhor ordem social, da boa sociedade ou do Estado ideal entendem que cabe ao liberalismo produzir e justificar normas reguladoras para a melhor sociedade com o estatuto de deveres morais, o que, segundo os autores, não é o caso.[270]

---

264 *Idem*, p. 57.
265 *Idem*, p. 58.
266 *Idem*, p. 58.
267 *Idem*, p. 62.
268 *Idem*, p. 62.
269 *Idem*, p. 62.
270 *Idem*, p. 66.

A solução metanormativa

Grande parte do problema do liberalismo estaria no fato de ser tratado como uma filosofia ética e contrastado com outras filosofias éticas. Contrastar o liberalismo diretamente com sistemas éticos seria um erro de categoria, pois não se trata de uma filosofia política normativa no sentido comum, mas de "uma filosofia política de metanormas." O liberalismo, explicam os autores, "não procura guiar a conduta individual na atividade moral, mas regular a conduta de forma que possam ser obtidas as condições onde a ação moral pode ocorrer".[271]

É princípio básico do liberalismo a "alegação de que a atuação do Estado para regular ou promover a conduta moral é inepta ou inadequada".[272] A estrutura metanormativa proposta assegura esse princípio, pois reconhece uma diferença entre as normas que regulam diretamente a conduta moral e as que regulam as condições sob as quais tal conduta poderia ocorrer, indicando que a conduta ética e o florescimento ético devem ser encontrados fora da política.

Não se trata, portanto, de rejeitar a ética, mas de reconhecer que ela se embasa em práticas que não podem estar subordinadas ao Estado ou à lei. O liberalismo não impõe nenhum conjunto específico de valores morais; sua singularidade "como doutrina social reside no esforço em distinguir a política da moralidade da mesma forma que reconhecidamente separou a moralidade da teologia".[273]

Utilizar a política como instrumento para regular a conduta ética implica favorecer determinadas formas de florescimento humano em detrimento de outras. O que o liberalismo busca estabelecer é uma ordem político-jurídica cuja estrutura institucional permita que cada um cultive a virtude de forma diferente, evitando as "formas de

---

[271] RASMUSSEN, D.; UYL, D. *Normas da Liberdade: Uma Base Perfeccionista para uma Política Não Perfeccionista*. Tradução: Viviane Moreira. Rio de Janeiros: TopBooks Ed., 2011, p.67.

[272] *Idem*, p. 71.

[273] *Idem*, p. 71.

florescimento que inerentemente impeçam a possibilidade concomitante de ocorrência de outras formas diferentes de florescimento".[274]

O que torna isso possível é a proteção da autodireção, elemento essencial para a concretização de qualquer forma de florescimento humano. Os princípios que protegem a autodireção — o direito natural à liberdade e seus corolários como o direito à vida e à propriedade — seriam, pois, princípios metanormativos e assegurá-los deveria ser o objetivo da ordem político-jurídica e do ordenamento institucional.

A virtude não é um programa político

Embora o liberalismo tenha sido vinculado ao relativismo, minimalismo, emotivismo, ceticismo, atomismo, universalismo e materialismo, Rasmussen e Uyl defendem que tais elementos não são necessariamente traços constitutivos do liberalismo. Tais classificações deixam de fazer sentido na medida em que entendemos que o liberalismo não é uma filosofia de vida, uma doutrina ética ou uma bússola para medir o bem-estar do indivíduo ou da comunidade, mas apenas uma doutrina política.

O escopo da moralidade, argumentam os autores, é mais amplo e mais profundo que o da política, que não deve se prestar à produção da virtude. A política e a moralidade têm problemas bastante diferentes para resolver: a vida política se ocupa da segurança e do bem-estar físico e não dos assuntos éticos; ocupa-se de assegurar *as condições* para a ação moral e não assegurar a própria ação moral.

O Estado não tem como missão legislar sobre a moralidade, mas assegurar as condições nas quais a moralidade florescerá;[275] o Estado só tem poderes impositivos sobre os direitos e não sobre os deveres

---

[274] *Idem*, p. 70.

[275] RASMUSSEN, D.; UYL, D. *Normas da Liberdade: Uma Base Perfeccionista para uma Política Não Perfeccionista*. Tradução: Viviane Moreira. Rio de Janeiros: TopBooks Ed., 2011, p. 89.

morais; o Estado deve ditar menos o que as pessoas devem fazer e ocupar-se mais em fornecer o cenário institucional no qual as pessoas terão chances de alcançar seus fins através da ação independente: "Nossa visão é a de que a natureza da política e da moralidade são tais que não é apropriado dar uma missão moral à política, embora ter uma missão moral talvez envolva a necessidade de ter interesse pela política".[276]

Direitos naturais

Os direitos naturais "negativos" (também chamados direitos lockeanos) nos quais o liberalismo clássico se funda, não se ocupam diretamente do florescimento humano, virtude, ou obrigação moral, mas do estabelecimento de uma ordem jurídico-política que não exigirá que uma forma de florescimento humano seja preferida a outras. Os direitos servem, pois, para conciliar as dimensões plurais do florescimento humano: "Nossos direitos não estão baseados em qualquer busca efetiva ou conquista do que é direito, mas na necessidade de um contexto político-social que proteja a possibilidade dessa busca ou conquista".[277]

Os autores defendem, então, uma compreensão da ética do fim natural que pode ser usada para apoiar uma versão dos direitos naturais do liberalismo clássico. Essa visão ética sustenta que a *phronesis* (sabedoria prática) é a virtude intelectual central do florescimento ou do autoaperfeiçoamento da vida humana, e que o bem humano não é simples e monístico, mas complexo e plural.[278]

Tal abordagem eudemonista teleológica clássica da ética é então utilizada como fundamento para uma teoria política com feição moderna que enfatiza a liberdade do indivíduo, uma vez que se faz necessária

---

[276] *Idem*, p. 93-94.

[277] *Idem*, p. 113.

[278] *Idem*, p. 107.

uma perspectiva metafísica mais ampla para melhor elaboração de uma visão completa dos direitos em uma teoria política.

A linguagem do liberalismo é, pois, a linguagem dos direitos. Os indivíduos possuem um direito moral básico, negativo, à liberdade e esse direito à liberdade acarreta dois direitos corolários: o direito à vida e o direito à propriedade, que se aplicam a todo ser humano, mas também exigem um sistema jurídico para a sua efetiva implementação.

Direitos individuais não são essencialmente princípios normativos, mas metanormativos, ou seja, dizem respeito antes à criação e manutenção de um contexto político-jurídico no qual a possibilidade de se buscar florescimento está assegurada. O florescimento humano, por sua vez, não é convencional e homogêneo, mas plural e heterogêneo; também não é abstrato e universal, mas concreto e particular, sendo aquilo que Aristóteles chama de *Phronesis* (sabedoria prática) a virtude que torna possível ao indivíduo compreender de que forma um bem genérico se integra e se particulariza de forma coerente em suas vidas.[279]

Isso posto, compreende-se que "uma ética do florescimento humano ou da autoperfeição não exige uma política perfeccionista. O objetivo da política não é o florescimento humano, mas a proteção à autodireção que torna possível o florescimento humano nas suas mais diversas formas. Significa dizer, mais uma vez, que a política não se ocupa de promover o florescimento humano de forma direta e positiva, mas de assegurar as suas condições de possibilidade e que a ordem política-jurídica pode ter uma base ética sem que essa ordem seja moralista.

---

[279] RASMUSSEN, D.; UYL, D. *Normas da Liberdade: Uma Base Perfeccionista para uma Política Não Perfeccionista*. Tradução: Viviane Moreira. Rio de Janeiros: TopBooks Ed., 2011, p. 133.

PRINCÍPIOS DA DEMOCRACIA CRISTÃ: LIBERDADE, JUSTIÇA E SOLIDARIEDADE

Sob alguns aspectos, a *democracia cristã* pode ser considerada um ramo distante da perpectiva política tradicionalista, que acabou sendo "republicanizada" e um tanto "esquerdizada" pela doutrina social da Igreja e pelo catolicismo social.[280] Suas ideias embrionárias se ligam a uma reação à Revolução Francesa, no sentido de tentar construir uma ponte entre a Igreja e a nova realidade política, tendo se desenvolvido inicialmente a partir das contribuições de Robert Lamennais, Charles Montalembert e Henri Dominique Lacordaire, que reivindicavam separação entre Igreja e Estado, liberdade de religião, de consciência, de ensino e de associação:

> Lamennais não vê religião e democracia como forças opostas, mas como grandezas que se influenciam mutuamente. Para ele, liberdade, justiça e igualdade são elementos teológicos que se distinguem em sua compreensão religiosa e ética do liberalismo individualista. Lamennais esperava uma coalizão entre as forças liberais cristãs e o liberalismo individualista e secular que, no entanto, levou muitos anos para se materializar.[281]

---

280 NEMO, Philippe. *Histoire des Idées Politiques aux Temps Moderne et Contemporains*. p. 1091.

281 *DEMOCRATIE Chrétienne: Príncipes et Conception Politique. Manuel Pour la Coopération Européenne et Internationale de la Konrad Adenauer Stiftung*. Berlim: Konrad Adenauer Stiftung, p. 20.

Enquanto movimento político, a *democracia cristã* remonta a meados do século XIX, tendo suas raízes em associações católicas europeias que posteriormente deram origem aos partidos que se desenvolveram no pós-guerra, contribuindo decisivamente para o processo de unificação europeia e para o amadurecimento democrático no continente.

Na Alemanha, o primeiro chanceler alemão do pós-guerra, Konrad Adenauer, consolidou essa tradição unindo não apenas duas confissões cristãs — católicos e protestantes — como também duas vertentes políticas — liberais e conservadores. Na Europa pós-guerra, os partidos democrata-cristãos participaram de coalizões tanto à direita quanto à esquerda (incluindo os sociais-democratas), englobando o liberalismo sem, no entanto, reduzir-se a ele.[282]

As trágicas experiências totalitárias do nazismo e do comunismo foram determinantes para a percepção do valor da democracia, inclusive por parte do Vaticano, que através da Constituição Pastoral *Gaudium et Spes* (1965), divulgada por ocasião do Concílio do Vaticano II, "sustenta expressamente que a democracia liberal baseada no Estado de direito e na separação de poderes é o sistema que, por sua natureza, reúne as condições mais favoráveis para a reconhecimento dos direitos fundamentais da pessoa, da família e da imperativos do bem comum".[283] O documento em questão também destacava os direitos de livre reunião e associação, além dos direitos à liberdade de expressão e de religião.

Com base na concepção cristã do homem como criatura de Deus, digna, porém imperfeita; com base ainda nos princípios de justiça e solidariedade, sob inspiração da ética social das Igrejas cristãs e da tradição liberal dos iluministas, a democracia cristã sinaliza para uma

---

[282] NEMO, Philippe. *Histoire des Idées Politiques aux Temps Moderne et Contemporains*. p. 1096.

[283] *DEMOCRATIE Chrétienne: Príncipes et Conception Politique. Manuel Pour la Coopération Européenne et Internationale de la Konrad Adenauer Stiftung*. p. 31.

política humanista e fraterna, distante dos extremos e das ideologias totalitárias que tanto sofrimento já trouxeram ao mundo:

> O *leitmotiv* da democracia cristã é a concepção cristã de Homem. Ele se baseia na individualidade e da dignidade inalienável do Homem. Segundo essa concepção de homem, o ser humano não é o representante de uma classe social — como no marxismo — mas um ser único e inalienável. À diferença das ideologias totalitárias, a concepção cristã do Homem não visa à formação do 'homem novo', mas aceita, ao contrário, cada homem tal qual ele é, com suas forças, suas fraquezas e seus limites. A dignidade inalienável do indivíduo não remete a um individualismo sem limite. A imagem cristã do Homem sublinha sua dupla natureza: o Homem é um indivíduo dotado de direitos inalienáveis e um ser social que só se realiza na comunidade partilhada com outros homens. Desta concepção de Homem, a democracia cristã deduz o direito de cada um à participação ativa, igual e responsável na política e na sociedade.[284]

Concebendo o Homem como um ser ativo, consciente, dotado de responsabilidade e de razão, a *democracia cristã* reconhece a democracia liberal baseada no Estado de direito como única ordem política capaz de realizar seus princípios, o que equivale a dizer que, em oposição ao socialismo e ao comunismo, "as mudanças sociais e políticas serão realizadas por melhoramentos progressivos (por exemplo, o desenvolvimento de uma constituição) e não por convulsões revolucionárias."[285] A *democracia cristã* propugna ainda o respeito à subsidiariedade (que privilegia a descentralização política e a autonomia, opondo-se ao centralismo e ao autoritarismo), além da solidariedade com o mais fraco e a responsabilidade com aqueles que sofrem.

A noção de liberdade adotada pela *democracia cristã* é liberal no sentido clássico do termo; vale dizer, no âmbito político ela se exprime

---

[284] *Idem*, p. 9.
[285] *Idem*, p. 12.

como respeito aos direitos fundamentais inalienáveis garantidos pela constituição, na economia como direito à propriedade privada, à liberdade de circulação e na sociedade como direito ao livre desenvolvimento da personalidade. Em todas as circunstâncias trata-se de uma liberdade submetida aos limites da lei, por intermédio da qual fica assegurado que a liberdade de um não obstaculizará o exercício da liberdade de outro.

O valor da justiça, por sua vez, "explica-se primeiro pela igualdade de todos os homens em sua dignidade concedida por Deus, depois pela igualdade diante da lei".[286] também aqui a *democracia cristã* aproxima-se do liberalismo, uma vez que "em um Estado de direito liberal o termo justiça significa os mesmos direitos para todos, em outras palavras, ninguém pode ser favorecido ou desfavorecido por lei devido a sua crença, posição, origem ou devido a outras características".[287]

Não se trata, pois, da justiça social concebida pelo socialismo, pelo comunismo ou mesmo pela social-democracia, a saber, uma justiça obtida por meio de redistribuição radical da propriedade e da renda; trata-se antes da concepção de "justiça distributiva e equilíbrio social sem nivelamento; sobretudo, igualdade de oportunidade"[288] por meio da qual "cada homem, cada mulher deve poder se desenvolver em função de suas aspirações e de suas capacidades individuais".[289]

A política ambiental sustentada pela *democracia cristã* se fundamenta na necessidade de preservação da Criação: "fazendo parte da Criação, o homem é responsável pela natureza e pelo meio ambiente" e deve assumir a responsabilidade de utilizar e desenvolver tecnologias que respeitem o meio ambiente e que possam preservar os recursos naturais: "O homem tem a possibilidade e o dever de usar de maneira moralmente responsável o que ele é capaz de alcançar

---

[286] *DEMOCRATIE Chrétienne: Príncipes et Conception Politique. Manuel Pour la Coopération Européenne et Internationale de la Konrad Adenauer Stiftung*, p. 13.

[287] *Idem*, p. 13.

[288] *Idem*, p. 13.

[289] *Idem*, p. 13.

tecnicamente".[290] Já a política externa traz como missão principal a garantia da paz no mundo e uma atuação baseada dos valores comuns em defesa da liberdade, democracia e Estado de direito.[291]

A despeito do reconhecimento da ordem econômica baseada na economia de mercado, respeito à propriedade privada, à livre iniciativa e à livre concorrência, há um marco legal no interior do qual o Estado deve atuar tanto no sentido de estabelecer condições humanas de trabalho quanto de garantir cobertura social — temporária — em caso de doença ou desemprego — ou permanente — no caso de aposentadoria, o que se justifica com base no valor fundamental defendido pela *democracia cristã*, a solidariedade. A obrigação do Estado em relação às pessoas que estão fora do mercado de trabalho, como doentes, grávidas, idosos ou desempregados sublinha o respeito à dignidade humana. Não se trata, pois, de um Estado onipotente, mas do Estado mínimo necessário para assegurar um sistema solidário de segurança social.[292]

O programa da *democracia cristã* encontra-se fundado em princípios liberais e em princípios cristãos que convergem entre si e se complementam, como o reconhecimento dos Direitos Humanos, o estabelecimento dos limites do poder do Estado a partir do respeito aos diretos inalienáveis dos indivíduos, o direito à liberdade econômica, política e religiosa. "Nesse sentido, as ideias liberais e cristãs constituem um contrapeso à submissão e desvalorização do indivíduo em nome do povo, do partido, da nação, da classe. ou outras ideologias totalitárias."[293]

A *democracia cristã* partilha com as Igrejas o reconhecimento da dignidade humana, o respeito à liberdade e à responsabilidade, a proteção à vida desde a concepção, a preservação da Criação e

---

290 *Idem*, p. 53.

291 *DEMOCRATIE Chrétienne: Príncipes et Conception Politique. Manuel Pour la Coopération Européenne et Internationale de la Konrad Adenauer Stiftung*, p. 56.

292 *Idem,* p. 16.

293 *Idem,* p. 33,

a valorização da família. Essa comunhão de valores não equivale, porém, a uma confusão entre Igreja e Estado. Embora molde sua política com base na concepção cristã de homem, ela o faz "salientando que não é possível deduzir um programa político prático da fé cristã e, justamente por isso, ela não é o braço das igrejas no espaço político".[294] Integrando diferentes tendencias políticas fora dos extremos seja à direita, seja à esquerda, o que a democracia cristã busca é concretizar por meio da política o ideal de humanismo cristão.

[294] *Idem,* p. 17.